◎ 涂裕春 主 编
◎ 肖韶峰 单德朋 王 航 副主编

新文科背景下
经济学人才培养教育教学成果
论文集

西南民族大学经济学院成立二十周年
本科人才培养教育教学成果专辑

中国经济出版社
CHINA ECONOMIC PUBLISHING HOUSE
·北京·

图书在版编目(CIP)数据

新文科背景下经济学人才培养教育教学成果论文集：西南民族大学经济学院成立二十周年本科人才培养教育教学成果专辑／涂裕春主编；肖韶峰，单德朋，王航副主编．--北京：中国经济出版社，2023.9

ISBN 978-7-5136-7425-6

Ⅰ.①新… Ⅱ.①涂… ②肖… ③单… ④王… Ⅲ.①经济学-人才培养-教育研究-研究成果-高等学校-文集 Ⅳ.①F0-4

中国国家版本馆 CIP 数据核字（2023）第 157933 号

责任编辑 王 帅
责任印制 马小宾

出版发行 中国经济出版社
印 刷 者 北京建宏印刷有限公司
经 销 者 各地新华书店
开 本 710mm×1000mm 1/16
印 张 12
字 数 178 千字
版 次 2023 年 9 月第 1 版
印 次 2023 年 9 月第 1 次
定 价 88.00 元
广告经营许可证 京西工商广字第 8179 号

中国经济出版社 **网址** www.economyph.com **社址** 北京市东城区安定门外大街 58 号 **邮编** 100011
本版图书如存在印装质量问题，请与本社销售中心联系调换（联系电话：010-57512564）

目 录

CONTENTS

第1篇　总体建设篇

1　新时代高校新文科建设探索

——基于四川省部分高校调研情况分析 …………………… 3

1.1　引言 …………………………………………………… 3

1.2　新时代新文科建设的重要意义 ……………………… 4

1.3　新文科内涵及建设的学术探索 ……………………… 5

1.4　四川省部分高校文科课程建设现状调查分析 ……… 6

1.5　四川省高校新文科建设面临的挑战……………………… 11

1.6　四川省高校新文科建设的对策建议……………………… 13

1.7　结语……………………………………………………… 15

参考文献 …………………………………………………… 16

2　新文科建设下对经济学院提升教学质量的思考

——以西南民族大学为例………………………………… 17

2.1　经济学院教学概况……………………………………… 17

2.2　新文科建设下经济学院教学存在的问题……………… 19

2.3　改进和提高经济学院教学质量的几点建议…………… 21

2.4　结语……………………………………………………… 22

参考文献 …………………………………………………… 23

3 “线上+线下”混合式教学模式的实践与思考 …… 24

3.1 “线上+线下”混合式教学模式的内涵和目的 …… 25

3.2 “线上+线下”混合式教学模式的课前环节 …… 26

3.3 “线上+线下”混合式教学模式的课中环节 …… 27

3.4 “线上+线下”混合式教学模式的课后环节 …… 29

3.5 “线上+线下”混合式教学模式的应用分析 …… 30

3.6 结语 …… 30

参考文献 …… 31

4 重技术也重写作:新文科建设背景下经济学学术研究教育双面统筹 …… 32

4.1 引言 …… 32

4.2 重视阅读能力培养,做好写作双面统筹 …… 34

4.3 规避方法导向写作,严抓学术道德规范 …… 37

4.4 结语 …… 39

参考文献 …… 40

第2篇 专业发展篇

5 新文科建设中经济学类专业选修课程考核方式改革的设想 …… 43

5.1 新文科背景下选修课程教学活动经验概括 …… 44

5.2 选修课程教学目的与考核情况反馈的差距 …… 46

5.3 选修课程考核方式设计的调研分析及结论 …… 47

5.4 新文科建设中选修课程考核方式改革思路 …… 49

参考文献 …… 51

6 新文科背景下民族高校经济学专业教学改革探讨 …… 52
6.1 新文科建设的重要意义 …… 52
6.2 新文科背景下经济学专业改革的侧重点 …… 53
6.3 新文科背景下经济学专业教学改革措施 …… 57
6.4 结语 …… 60
参考文献 …… 61

7 数字经济时代财税专业人才培养研究 …… 62
7.1 数字经济时代财税专业人才技能需求的变化 …… 63
7.2 数字经济对财税专业人才培养的影响 …… 64
7.3 数字经济时代财税专业人才培养面临的挑战 …… 65
7.4 数字经济时代财税专业人才培养的路径 …… 67
参考文献 …… 69

8 金融专业大类招生及人才培养模式研究 …… 71
8.1 引言 …… 71
8.2 文献综述 …… 72
8.3 金融专业大类模式改革的主要内容、实践框架和问题 …… 75
8.4 金融专业大类招生改革深入的具体操作建议 …… 78
参考文献 …… 80

第3篇 课程规划篇

9 "一带一路"背景下民族高校经济类外专课程与创新创业教育融合发展路径探索 …… 85
9.1 引言 …… 85
9.2 文献综述 …… 86
9.3 外专课程与创新创业教育融合 …… 87

9.4 外专课程未来发展措施及路径 …… 91
参考文献 …… 92

10 新文科背景下社会主义市场经济理论课程教学改革探索 …… 94
10.1 引言 …… 94
10.2 社会主义市场经济理论课程情况介绍 …… 95
10.3 新文科背景下社会主义市场经济理论课程改革的意义 …… 97
10.4 社会主义市场经济理论课程教学改革面临的挑战 …… 98
10.5 新文科视角下对市场经济理论课程改革的优化建议 …… 99
10.6 结语 …… 100
参考文献 …… 100

11 金融科技时代《金融工程学》课程教学改革研究与实践 …… 102
11.1 《金融工程学》教学存在的问题 …… 103
11.2 《金融工程学》的教学改革与实践 …… 105
11.3 结语 …… 108
参考文献 …… 109

12 新文科背景下财务会计课程混合教学模式探究 …… 110
12.1 新文科理念及其目标 …… 110
12.2 传统教学模式下财务会计课程教学存在的问题 …… 112
12.3 财务会计学课程线上线下混合教学模式的优点 …… 113
12.4 财务会计课程混合式教学设计及课程组织实施 …… 114
12.5 财务会计课程混合教学模式改革成效及其不足 …… 116
12.6 结语 …… 118
参考文献 …… 118

13 OBE 理念下金融学大类专业核心课程改革 …… 119
13.1 引言 …… 119
13.2 概念梳理 …… 120
13.3 文献综述 …… 120
13.4 培养目标分解 …… 124
13.5 教学设计 …… 125
13.6 教学评价设计 …… 126
13.7 基于 OBE《中级微观经济学》的课程设计 …… 126
参考文献 …… 130

14 新文科背景下国际金融学课程线上线下混合式教学探究 …… 133
14.1 引言 …… 133
14.2 文献综述 …… 134
14.3 建设实践 …… 135
14.4 成因分析 …… 137
14.5 策略应对 …… 138
14.6 小结 …… 139
参考文献 …… 139

15 新文科建设背景下劳动经济学课程教学质量提升路径探析 …… 141
15.1 问题的提出 …… 141
15.2 新文科建设背景下劳动经济学课程建设的内在要求 …… 143
15.3 劳动经济学课程体系建设与教学质量提升路径选择 …… 145
15.4 结语 …… 146
参考文献 …… 147

第 4 篇　社会实践篇

16　大数据时代高校教改项目管理信息化平台建设研究 ………… 151
16.1　引言 …………………………………………………………… 151
16.2　高校教改项目管理概述 …………………………………… 152
16.3　高校教改项目管理现状 …………………………………… 152
16.4　高校信息化项目管理平台系统的主要建设目标 ………… 153
16.5　高校建设信息化项目管理平台的路径 ………………… 154
16.6　结语 …………………………………………………………… 157
参考文献 …………………………………………………………… 157

17　高校教师教学创新能力提升研究
——基于教学竞赛的视角 ………………………………………… 158
17.1　引言 …………………………………………………………… 158
17.2　高校教师教学创新能力提升的框架——基于教学竞赛的视角 …………………………………………………………… 159
17.3　教师教学内容设计能力的提升 …………………………… 160
17.4　教师思政元素凝练能力的提升 …………………………… 161
17.5　教师教学模式创新能力的提升 …………………………… 162
17.6　结语 …………………………………………………………… 163
参考文献 …………………………………………………………… 163

18　基于国际结算实践与实训课程的探究式、启发式教学研究 …… 164
18.1　以课程教学促进学生创新创业能力提升 ………………… 164
18.2　探究式、启发式教学的举措 ………………………………… 166
18.3　探究式、启发式教学的成果 ………………………………… 169
18.4　结语 …………………………………………………………… 170
参考文献 …………………………………………………………… 171

19 新文科视域下高校课程思政实践
——以经济学专业为例 …… 172
19.1 新文科建设的背景及要求 …… 173
19.2 新文科背景下经济学专业课程思政的意义 …… 174
19.3 新文科背景下经济学专业课程思政实践 …… 175
19.4 结语 …… 178
参考文献 …… 178

后 记 …… 179

第1篇

总体建设篇

1　新时代高校新文科建设探索

——基于四川省部分高校调研情况分析

黄　毅　况兰芬①

摘要：时代的大变革必定伴随着哲学社会科学的大发展。站在“两个一百年”奋斗目标的历史交汇期，面对世界百年未有之大变局，新时代高校新文科建设任重道远。本文在分析新时代高校新文科建设重要意义的基础上，结合对四川省部分高校文科课程建设的情况调查，从四川省部分高校文科课程体系设置情况、学生考核情况、学习成效以及未来文科建设等方面，分析了四川省部分高校文科建设的现状，探索新时代高校新文科建设面临的挑战，并提出新时代高校新文科建设的几点建议。

关键词：新文科；教育创新；课程建设

1.1　引言

新文科建设是为适应新时代哲学社会科学发展，推进哲学社会科学与新一轮科技革命和产业变革交叉融合而提出的，是国家战略和国家主张。2016年，习近平总书记指出，“一个没有发达的自然科学的国家不可能走在世界前列，一个没有繁荣的哲学社会科学的国家也不可能走在世界前列”。今天的高校如何在学习贯彻落实党的二十大精神，坚持社会主义办学方向，落实立德树人根本任务的前提下，加强课程建设，全方位结合当代科技革命和产业革命新特点，将自然科学和哲学社会科学有机融合，探索新时代新文科建设，已经迫在眉睫，也势在必行。

---

①　黄毅，女，汉族，四川邻水人，西南民族大学经济学院教授，研究方向为国际服务贸易。况兰芬，女，汉族，重庆开州人，西南民族大学经济学院硕士研究生。

党的十九届五中全会审议通过了《中共中央关于制定国民经济和社会发展第十四个五年规划和二〇三五年远景目标的建议》，其中明确提出建设高质量教育体系，到2035年建成教育强国。要建成教育强国，学科的建设是基础性工程，目前学科之间的壁垒太高，学科内容多年没有进行教育创新改革，因此需要让学校教育与时俱进，不断满足快速变化发展的经济社会的需要。

1.2 新时代新文科建设的重要意义

1.2.1 推进新文科建设是时代发展的需要

党的二十大报告指出，教育、科技、人才是全面建设社会主义现代化国家的基础性、战略性支撑，人才是第一资源、创新是第一动力。新文科建设就是要加强基础学科、新兴学科、交叉学科建设，加快建设中国特色、世界一流的大学和优势学科。推进新文科建设是深入实施科教兴国战略、人才强国战略的需要，是不断开辟发展新领域新赛道、不断塑造发展新动能新优势的需要。在不断深化文明交流和构建人类命运共同体的实践过程中，人文社会科学承担了重要的职责和使命。推进新文科建设，是构建人类命运共同体的重要举措，也是解决人类发展面临新问题新挑战、回应时代发展的新思维和新方法。

1.2.2 推进新文科建设是民族复兴的需要

科技的发展将全球带入了后工业文明时期，这为实现中华民族伟大复兴提供了难得的机遇。我国是教育大国，但还不是教育强国。高等教育的发展应该在学科建设和专业建设上走出一条融合的新型道路，解决现实中我们面临的科技创新动能不足的问题，破解科技发展中遇到的“瓶颈”问题，突破国际社会敌对势力对我们的发展“卡脖子”问题，顺应时代发展的需求，回应祖国和人民的期盼，培养杰出人才。所以，我们坚持教育优先发展、人才引领驱动，深入推进新文科建设就是加快建设教育强国、人才强国的必要措施，这是坚持为党育人、为国育才，全面提高人才自主培养质量，着力造就拔尖创新人才的需要。新文科建设既是提高我国软实力的需要，也是实现中华民族伟大复兴的需要。

1.2.3　推进新文科建设是个人成才的需要

党的二十大报告提出要办好人民满意的教育。育人的根本在于立德，深入推进新文科建设是全面贯彻党的教育方针、落实立德树人的根本任务、培养德智体美劳全面发展的社会主义建设者和接班人的需要。既有的学科发展往往是将学科融合理解为学科的合作，培养的理工科人才主要是在具体应用层面具有一定的知识，文科人才难以有效把握物质世界的本质和社会发展规律。社会大变革时代呼唤新文科，需要坚持以人民为中心发展教育，加快建设高质量教育体系，发展素质教育，才能培养出符合社会需要的新时代的复合型人才。

1.3　新文科内涵及建设的学术探索

美国希拉姆学院于2017年率先提出的新文科，是指对传统文科进行学科重组、文理交叉，即把新技术融入哲学、文学、语言等课程之中，为学生提供综合性的跨学科学习。我国的新文科是相对于传统文科而言的，是以全球新科技革命、新经济发展、中国特色社会主义进入新时代为背景，突破传统文科的思维模式，以继承与创新、交叉与融合、协同与共享为主要途径，促进多学科交叉与深度融合，推动传统文科的更新升级，从学科导向转向以需求为导向，从专业分割转向交叉融合，从适应服务转向支撑引领。

国内学者在新文科建设方面进行了一些探索。吴岩（2017）① 指出，我国新文科建设的理由之一就是“从中国发展来看，新时代呼唤新文科”。马璨婧和马吟秋（2022）② 认为，新文科建设需要打破“学科本位”的发展范式，确立超学科思维，架构“多元主体跨越社会与科学领域以解决现实复杂问题”为目标的“超学科”学科体系。安丰存和王铭玉（2019）③ 探索了新文科的本质属性、新文科的学科地位以及新文科的体系构建，新文科的建设路径包括大类招生、大类培养，学科交叉、跨类培养，主辅结

① 吴岩．新时代高等教育面临新形势[N]．光明日报，2017－12－19(13)．

② 马璨婧，马吟秋．新文科学科交叉融合的体系建设与路径探索[J]．南京社会科学，2022(9)：156－164．

③ 安丰存，王铭玉．新文科建设的本质、地位及体系[J]．学术交流，2019(11)：5－14，191．

合、混合培养，学科重组、融合培养，中外结合、特色培养，他们还认为在新文科教育方式上要立足于信息时代的现实基础。张俊宗（2019）① 分别从学科、历史、时代以及中国四个维度来解读新文科。苏娜（2022）②认为，高校教师队伍建设是新文科建设的关键环节和重要保障，要基于工作绩效管理模型，从培育教师能力特质、优化组织激励促进教师工作投入、全方位打造组织支持三方面来推进高校教师队伍的建设。

在新文科建设中不少学者还对跨学科学习进行了研究。范冬萍和杨波（2023）③ 认为，时代的科学教育呼唤一种“大科学教育理念”。科学教育是培养学生科学核心素养的一种综合性教育，系统思维可以帮助学生理解和掌握跨学科概念，帮助教师组织跨学科主题教学。李立国（2022）④ 认为，跨学科已经成为学科发展与知识创新的重要模式，推进学科高质量发展应该重视跨学科研究范式，以跨学科推进学科高质量发展。同时，还应该培养研究人员的跨学科意识、吸引跨学科人才进入学科工作和构建跨学科评价新模式。

1.4 四川省部分高校文科课程建设现状调查分析

为了解各高校在新文科建设方面的情况，我们对四川省部分高校的本科生进行了问卷调查，旨在从第一手资料深入了解当前文科建设的现状，并为四川省乃至全国新文科建设健康发展做出微薄贡献。

1.4.1 问卷调查对象的基本情况

我们利用四川省部分高校的自媒体平台，对四川省 9 所高校的文科建设进行了问卷调查，希望通过第一手调查资料，深入了解四川省高校文科建设现状，分析四川省高校新文科建设面临的困难和挑战，从而对高校今后的新文科建设提出建议。

调查问卷发放对象为四川省内本科生，包括已毕业本科生。本次问卷

① 张俊宗．新文科：四个维度的解读［J］．西北师大学报（社会科学版），2019，56（5）：13－17.

② 苏娜．新文科建设背景下高校教师队伍建设：问题识别与路径选择［J］．江苏高教，2022（11）：114－119.

③ 范冬萍，杨波．复杂性科学视野下大科学教育理念与跨学科学习系统策略［J/OL］．系统科学学报，2023（4）：35－39，136.

④ 李立国．跨学科视野下的学科高质量发展［J］．教育发展研究，2022，42（11）：4－6.

只针对文科生发放，共收回624份问卷，其中有效问卷623份。

调查问卷从被调查学生的基本情况、公共基础课开设基本情况、文科建设情况、文科未来发展方向等方面进行调查。从调查结果来看，问卷较充分地反映了四川省高校文科建设的情况。

第一，被调查学生所在学校及年级构成情况。

此次调查问卷包含来自四川省的9所高校。排在第一位的是笔者所在的西南民族大学，收回有效问卷223份，占比35.79%，主要原因是问卷回收的可得性强。排在第二位的是四川大学，收回本科生问卷101份，占比16.21%，原因是西南民族大学和四川大学有一个共用的自媒体平台，问卷发放和回收比较方便。回收的其他问卷主要来自成都理工大学、西南交通大学和电子科技大学，分别占回收问卷的15.57%、8.99%和8.51%。另外，还收到四川省内其他4所高校有效问卷93份，占14.93%（见表1-1）。

表1-1 有效问卷的学生所在学校及占比情况

学校名称	有效问卷数（份）	占比（%）
西南民族大学	223	35.79
四川大学	101	16.21
成都理工大学	97	15.57
西南交通大学	56	8.99
电子科技大学	53	8.51
四川省内其他4所高校	93	14.93
合计	623	100.00

资料来源：根据笔者调查统计计算得出，下列表格相同。

由表1-1可见，虽然有效问卷涵盖了四川省最著名的几所高校和笔者所在学校，但对于拥有53所本科院校的四川省，只收到9所院校的调查问卷，并且9所高校均在成都，也是本次调查的遗憾。究其原因，主要如下：一是受疫情影响，不便开展更广范围的调查工作；二是笔者所在学校在成都，且成都市内学校间联系密切，自媒体互通性较强，主要通过各学校的自媒体发放问卷，为市区内高校调查提供了方便。鉴于此，该调查只能基本反映四川省内高校文科建设的情况，特此说明。

第二，被调查学生所在年级构成情况。

本次调研的对象为四川省部分高校的学生（包括已经毕业的学生）。本次收回有效问卷 623 份，其中收到在校大学生的问卷共计 587 份，占比 94.22%，收到已毕业学生问卷 36 份，占比 5.78%。在校生中，收到大一学生有效问卷 144 份，占比 23.11%，收到大二、大三、大四学生有效问卷分别为 191 份、134 份和 118 份，占比分别为 30.66%、21.51% 和 18.94%（见表 1－2）。

表 1－2　被调查学生的年级分布情况

年级		学生问卷数（份）	占比（%）
在校大学生	大一	144	23.11
	大二	191	30.66
	大三	134	21.51
	大四	118	18.94
已毕业学生		36	5.78
合计		623	100.00

1.4.2　被调查对象所在学校文科建设基本情况

第一，公共课程开设情况。

我国高等教育文科课程设置中包括通识平台课程、学科基础平台课程、专业教育平台课程和实践教育平台课程，通常将这四类平台课程归类为公共课和专业课。新文科建设既包括专业课课程建设，也包括公共课课程建设。现存的公共基础课程主要包括思想政治、语言、大学语文、历史类、体育和计算机等。从调查统计数据来看，思想政治、语言类、体育和计算机课程，开设的学校达到 90% 以上，但是大学生职业规划和毕业就业指导两门课程，开设的学校数量并不高，不到 50%（见表 1－3）。

表 1－3　被调查学生所在学校公共课开设情况

科目	学生问卷数（份）	占比（%）
思想政治	601	96.31
语言（英语或日语等）	599	95.99
体育	613	98.24
计算机基础	578	92.63

续表

科目	学生问卷数（份）	占比（%）
大学生职业规划	259	41.51
毕业就业指导	204	32.69

大学生渴求更多地了解现实的世界，包括对政策的深度解读，对未来就业指导等方面课程表现出了极大的热情。例如，有相当一部分学生希望增设“政策解读”“生活工作常识”“就业具体指导”等课程。其中学生对于开设就业具体指导类课程的意愿最为强烈，在收回的问卷中，有402份，占比64.53%，对于工作常识类占比也高达56.98%，对于平常人们理解的思政类的课程，学生希望能有深度的解读，占比也高达34.99%（见表1－4）。

表1－4 学生愿意新增的课程情况

科目内容	学生问卷数（份）	占比（%）
关于时政类知识课程，如当今政策深度解读	218	34.99
关于生活工作常识类课程，如“五险一金”知识讲解	355	56.98
关于就业具体指导课程，如“考研考公”知识讲解	402	64.53
不想加入其他课程	197	31.62

第二，文科建设的成效。

各高校在学生公共基础课安排上都花费了不少工夫。比如学校在学生课表安排上，首先满足公共基础课程。师资队伍建设上，各学校也投入了不少人力物力，选派优秀教师充实师资队伍，现存人员也不断培养提升。从文科建设成效来看，也反映了这样的投入是值得的。在回收的问卷中，学生对公共基础课的评价还是不错的，认为公共基础课上课质量比较高，能学到知识的占比近70%，其中认为非常好的占30.02%。但是我们也应看到，公共基础课质量还有很大的提升空间（见表1－5）。

表1－5 对公共基础课质量评价

评价	学生问卷数（份）	占比（%）
非常好，能够学到很多有用的知识	187	30.02
一般，能够学到一些知识	244	39.17
差，流于形式	192	30.82

我们还对学生所学专业的实用性进行了调查。其中182份问卷认为所学专业对找到专业对口的工作很有帮助，比较容易找到工作，占29.21%；但也有185份问卷认为所学专业要找到专业对口的工作比较困难，占29.70%。总体来看，约70%的文科生毕业后都比较容易找到与自己专业对口的工作（见表1－6）。

表1－6　所学专业找到专业对口的工作的难易程度

难易程度	学生问卷数（份）	占比（%）
比较容易	182	29.21
一般容易	256	41.09
比较难	185	29.70

第三，文科建设未来发展方向。

为深入了解新文科建设未来的发展方向，我们对学生跨学科学习的重要性和原因进行了调查。

在对跨学科学习重要性认识上，有449份的学生持肯定态度，占72.07%，其中完全赞同的有199份，占31.94%，持一般支持态度的人数有250份，占40.13%（见表1－7）。这说明大学生对于文科建设未来的跨学科学习是非常支持的。当今社会发展，对于人才素质的要求越来越高，特别是对人才的综合性素质要求更高，学生对跨学科学习的需求也更加迫切。

表1－7　认为跨学科学习非常重要的态度调查

态度	学生问卷数（份）	占比（%）
完全赞同	199	31.94
一般	250	40.13
不赞同	174	27.93

由表1－8可以看出，阻碍学生跨学科学习的原因有很多，其中专业课负担太重、时间精力不够以及没兴趣是主要原因。

表1－8　无法进行跨学科学习的主要原因

原因	学生问卷数（份）	占比（%）
专业课负担太重	246	39.49

续表

原因	学生问卷数（份）	占比（%）
没兴趣	332	53.29
时间精力不够	336	53.93
可用资源不足	196	31.46
其他	50	8.03

关于学生对新文科的了解，我们的调查结果不是特别令人满意。由表1-9可见，对新文科了解的只有52.97%，而对新文科完全不知道的占13.80%（见表1-9）。可以看出，学生对新文科的了解还太少。新文科从提出到现在已经4年了，四川省内各高校关于新文科建设的宣传和行动还有待深入。

表1-9　对新文科的了解

了解程度	学生问卷数（份）	占比（%）
非常了解	136	21.83
一般了解	194	31.14
只是听说过	207	33.23
完全不知道	86	13.80

1.5　四川省高校新文科建设面临的挑战

1.5.1　部分公共基础课内容有待丰富，考核方式有待调整

目前，四川省内高校已有的公共基础课有政治（包括《马克思主义基本原理概论》课程、《毛泽东思想和中国特色社会主义理论体系概论》课程）、语言（英语或者日语等）、体育（包括军训）、计算机应用基础等。不少学校在学生大一时开设大学生活规划课、职业规划课等，这类课程的课时很短，采用大班教学的形式，课程质量良莠不齐。课程的考核方式相对于传统公共基础课更加宽松，通常采用提交规划书的方式。学校在学生大三、大四还开设就业指导课程，该门课程通常要求实习，但老师教授的知识通常理论性较强，想要用于实践比较难。学生可以自主选择实习单位和岗位，但实习的真实性难以考证。最后结课的考核方式大多数为闭卷考试且很宽松，甚至是毫无压力，对学生起不到监督作用。因此部分公共基

础课的内容以及考核方式都面临改革的巨大挑战。

1.5.2 专业课程内容需不断完善，教材更新不够及时

相较于文科，近年来理工科新增专业更多，2022 年新增了 31 个专业。其中工学最多，涉及 12 个专业门类，有 14 个具体专业；艺术学涉及 3 个专业门类，有 5 个具体专业；农学涉及 2 个专业门类，有 2 个具体专业；经济学、法学、管理学各涉及两个专业门类，各有两个具体专业；教育学、历史学、理学各涉及 1 个专业门类，各有 1 个具体专业。理工科知识专业性强，新旧技术替代快，专业的新增相较于文科更容易、更迅速。目前，高校的专业课的教材有的还是沿用十几年前的内容，尽管很多专业课的教科书版本一直在更新，但内容并未做大幅修改，专业和教材未能充分表现出与时俱进的特点，与以问题为导向的专业设置的初心相背离。例如区域发展、“一带一路”建设、全球变暖等热点问题在目前的教材和课程设置当中未涉及或未能充分体现。文科专业课内容的调整一般都是细节上的调整。目前四川省内文科专业的内容普遍存在泛而不精的情况，宽泛且浅显的知识学习不能满足学生就业需求，专业课内容的设置要着眼于现实需要，服务于国家大局发展。

1.5.3 学生跨学科学习重视不够，相关资源配置不足

我国新文科提出时间短，关于新文科建设路径的探索大多数都还停留在理论阶段，各学校关于新文科建设的相关措施未能跟上时代发展的要求。不少学校创办以来都是按文、理、工、医、农学专业设置，各专业之间壁垒较高，专业之间太过独立，没有合适的相关度，学生学习内容更偏向自己所学专业，无法很好地满足社会对学生全面发展的要求。从学校和学生两个角度来看，均未充分重视跨学科学习，体现在学生对新文科的了解不够，学校对学生跨学科学习的资源支持度不够。根据调研情况，阻碍学生跨学科学习的主要原因就是可用资源不足。例如，很多课程都是根据本专业人数来选择教室的大小，不少课程甚至没有多余的位置，因此一些想要旁听的学生没有座位。另外，专业的课程表一般只供本专业学生查询，其他同学想要获得课程表并不容易。

1.6 四川省高校新文科建设的对策建议

1.6.1 以马克思主义为指导，开辟新时代新文科建设新境界

建设中国特色新文科，必须坚持以习近平新时代中国特色社会主义思想为指导，充分发挥马克思主义在新文科建设中的引领作用，加强党对中国特色新文科建设的领导，把马克思主义的立场、观点和方法贯穿至新文科建设的学科体系、教学体系和评价体系之中。新文科建设要立足中华民族伟大复兴战略全局和当今世界百年未有之大变局，培养积极传播中华文化、中国声音和中国理论的创新者、开创者。以马克思主义为指导，坚持立德树人的根本任务，传承好红色基因，办好中国特色的大学，开辟新时代新文科建设新境界，走出一条有中国特色的大学实践新路。

1.6.2 完善公共课程体系，坚持以实践、问题和素质为导向

第一，坚持理论与实践相结合，丰富课程内容。

新文科建设是一个综合的体系，其中大学生公共课程内容的不断创新就是建设的具体实践。大学生公共课程的设置要符合时代发展的要求和大学生成才的要求。比如，增加学生生活工作常识的相关课程，满足学生结束十几年学生生涯后角色转变的需求，提供学生成为社会合格工作者所缺乏的知识，如增加“五险一金”、劳动合同、租房买房等一系列常识类的课程内容。这类知识在我国大学教育体系中一直比较缺乏，但又是学生们毕业后必备的知识。因此在大学公共基础课程中加入这类知识的课程很有必要，同时加强相关教材建设和课程管理也是新文科建设的内容之一。

第二，坚持问题导向，融入就业指导相关课程。

目前各高校现存的就业指导课程的核心内容是如何树立正确的就业观。课程开设非常必要，但由于该课程的课时比较少，对大学生就业指导实操的具体内容就更少，因此，无法满足大学生对就业课程的需求。各高校应坚持以问题为导向，适当增加大学就业指导课程，特别是加入学生期盼的实操指导内容，课程中如果能邀请已经毕业的学长或一些单位的人力资源相关人员进行就业指导，就更能满足学生的需求。同时，当前各高校学生考研、考公务员积极性倍增，学生对考研、考公务员的指导需求也非常迫

切。学校应顺应学生需求，增加关于考研目标学校选择、考公务员资料的搜寻、找工作途径指导等相关内容，让课堂的知识能够实实在在为学生服务，解决现实需求，为学生发展赋能。将课程设置与社会发展需求和学生需求相结合，帮助学生解决毕业就业升学的实际问题。

第三，坚持素质提升导向，改革公共课考核方式。

目前大多数公共基础课考核方式都是最后期末的闭卷考试。闭卷考试的优点是学生通过考试理解背诵相关知识点，掌握的理论知识比较牢固，但是考核方式仅仅只有闭卷考试，会让大学教育偏向于应试教育。新文科建设应深化教育领域综合改革，完善学校管理和教育评价体系。学校可以采用多元化课程考核方式，实现“平时表现 + 期中 + 期末”三个时间段的综合评价，及“理论 + 社会实践”两种方式的综合考察。除此之外，教师是人才培养的关键所在，因此也应健全学生对课程授课教师的评价体系，实现双向评价，优化师资，加强师德师风建设，提高教师团队素质和教学质量。

1.6.3 顺应发展科学规划，调整专业设置以及专业课程内容

第一，顺应时代发展，适当调整文科专业。

专业是人才培养的基本单元。新文科建设，应顺应时代发展需求，发展新增部分专业，例如，可以考虑设置与“一带一路”建设相关的文科专业，该专业的专业课程可以设置“一带一路”中涉及国家的文化、语言课程，增设关于我国丝绸之路的历史课程，实现以需求为导向的专业设置，培养复合型人才。例如：“外语 + 经济”“外语 + 经济 + 法律”等，相较于一般文科专业，这样的文科专业知识更具体、更实用，也更符合学生的就业需求。

第二，实事求是调整现有文科专业相关课程及内容。

课程是人才培养的核心要素。调整现有文科专业的专业课内容，即删减没有现实意义的课程，加入一些新课程。同时，对现有专业课程内容进行调整，加入一些新内容，例如：在金融学中加入金融科技内容，在物流专业中加入智慧物流内容，在营销专业中加入大数据营销内容，在管理学中加入关于气候、能源、碳排放管理等内容，着眼于现实发展

来调整课程设置。另外，在专业课内容中强调中国特色的元素。由于我国教育起步较晚，目前很多课程体系都是学习国外的，但经过多年的发展，现在的很多课程体系都应该做出调整，从而更加适合社会主义市场经济发展需要。

1.6.4 因材施教服务学生，科学组织学生跨学科学习和考核

第一，为学生提供丰富的跨学科学习资源。

各高校可以在教务系统中添加各课程上课时间的查询功能，让学生也可以查询到本专业以外的其他专业的课程表，以便于更好地安排自己的时间。同时，学校应提供丰富的图书资源，方便跨学科学习的学生有足够多的学习资源。优化教师资源，培养高素质教师队伍，引进具有多学位的教师，能够让教学内容实现跨学科融合。最后还可以合理应用互联网平台，注册开通多个学习平台的账号，购买学习资源，供学生学习，实现线上学习和线下学习的高效配合。

第二，合理安排学生跨学科考核方式和内容。

跨学科学习的学生除了要花费大量时间学习自己本专业的知识，还要挤出时间去学习其他学科的知识。从调研数据来看，本专业课程压力大和精力不足是阻碍学生跨学科学习的主要因素，因此建议高校可以将跨学科学习的内容和本专业学习内容部分区分开，考核方式也加以区分，实现因材施教。如果将本专业学生和跨学科学习的学生用同一考核体系，必将给跨学科学习的学生造成很大的压力，因此学校在跨学科学习方面，调整考核方式也是有必要的。

1.7 结语

时代的变化要求文科建设必须与时俱进，不断适应社会的大发展大变革。站在“两个一百年”奋斗目标的历史交汇期，面对世界百年未有之大变局，新时代高校新文科建设任重道远。我们相信，我国高等文科教育只要沿着弘扬中国精神、凝聚中国力量、践行中国道路前进，为托起国家富强、民族复兴、人民幸福的中国梦坚定前行，中国高校新文科建设的明天一定会更加美好！

参考文献

[1] 吴岩．新时代高等教育面临新形势[N]．光明日报，2017－12－19(13).

[2] 马璨婧，马吟秋．新文科学科交叉融合的体系建设与路径探索[J]．南京社会科学，2022(9)：156－164.

[3] 安丰存，王铭玉．新文科建设的本质、地位及体系[J]．学术交流，2019(11)：5－14，191.

[4] 张俊宗．新文科：四个维度的解读[J]．西北师范大学学报(社会科学版)，2019，56(5)：13－17.

[5] 苏娜．新文科建设背景下高校教师队伍建设：问题识别与路径选择[J]．江苏高教，2022(11)：114－119.

[6] 范冬萍，杨波．复杂性科学视野下大科学教育理念与跨学科学习系统策略[J/OL]．系统科学学报，2023(4)：35－39，136.

[7] 李立国．跨学科视野下的学科高质量发展[J]．教育发展研究，2022，42(11)：4－6.

2 新文科建设下对经济学院提升教学质量的思考
——以西南民族大学为例①

张小兰②

摘要：西南民族大学经济学院一直以来重视教学，教学质量不断提高。新文科建设背景下，对教学提出了更高的要求，要求经济学院的教学也要相应地进行改革与完善，不断提高教学质量，从而培养出社会主义经济建设的经济学人才。但经济学院在教学过程中存在一些问题，制约了教学质量的进一步提高。笔者近年来担任教学督导，在对经济学院的教学的长期关注中，发现了在教学过程中存在一些制约教学质量提高的问题，如思政融入不够、课堂活力不足等，从而提出相关建议。

关键词：新文科；经济学院；教学质量

2.1 经济学院教学概况

西南民族大学经济学院于2003年成立，经过近20年的发展，西南民族大学经济学院一直秉承“经世济民，和合至美”的院训精神，坚持立德树人，促进学生德智体美劳全面发展，培养具有深厚的人文与科学素养、扎实的专业基础、开阔的国际视野的高素质应用型经济金融专门人才和拔尖创新人才。现在有专任教师60多人，下设金融学大类、经济学专业、国际经济与贸易专业、财政学等专业，为我国尤其是少数民族地区培养了大量的高层次经济人才，这些成就的取得与经济学院在教学上的不断努力是

---

① 西南民族大学科研资助项目。

② 张小兰，女，安徽马鞍山人，经济学博士，西南民族大学经济学院教授，研究方向为产业经济学、低碳经济。

分不开的。

2.1.1 经济学院教师教学水平总体较高

经济学院在教学上不断总结其他高校经济学院专业人才培养的经验，不断完善教学发展计划，在提高教学质量上采取很多有效的措施，使经济学院教学质量不断提高。经济学院一半以上的专任教师都有经济学博士文凭，具有较强的专业水平，在教学中擅于把专业知识与授课内容结合起来，授课教师认真负责，经验总体比较丰富，上课效果普遍较好，具有较好的教学质量和较高的教学水平，经济学院教授与副教授长期在教学第一线为本科生授课，从2022年学生评教分数来看，各门课程平均评教分数都在96分以上，从2022年学生对各门课程教师所提的建议与意见来看，绝大部分学生对任课教师的授课给予了高度赞扬，全院教师的教学工作得到了学生较高的评价。

2.1.2 经济学院课堂教学秩序普遍良好

经济学院整体教学运行秩序良好，任课教师都能提前到达教室，做好上课准备，上课过程中讲授认真，能熟练运用现代教学方法和手段教学，课堂上理论联系实际，教学效果较好；教学与教风严谨，备课、上课、布置作业、批改作业等教学环节普遍认真负责；学生听课精神饱满，课堂气氛比较活跃。大部分任课教师比较重视课堂管理，也能通过理论与实践结合的案例分析引导学生思考并回答问题，课堂互动积极，学生参与度较高。由于近三年疫情反复对教学活动有较大影响，线上线下教学方式的切换和融合都需要任课教师和学生的适应和配合，任课教师在网络教学中都很注重各种教学方式，关爱学生的身心健康，适当调节教学进度，尽量提高教学效率。

2.1.3 经济学院形成了比较健全的教学督导制度

经济学院制定了院领导、教研室主任与院二级督导听课制度。目前经济学院有教学督导7人，教学督导选择了有比较丰富教学经验的教授与副教授担任。每一学期针对性地选择新进教师的课程、学生反映问题比较大的课程、参加各类教学比赛的课程以及教学优秀的教师的课程进行听课，每次听课结束后，通过与授课教师沟通、与学生交流等多种方式进行考察与了解，提出可以获得更好教学效果的一些建议和方法。在听课过程中，对教师教案、作业等教学材料进行随机检查。通过这些方法，促进了各位教师的教学技艺与教学方法不断提高。

2.1.4 经济学院通过各种方法，促进课堂教学方式的改革与创新

课堂教学是学生学习的主要途径，灵活高效的课堂教学方式方法是提高教学效率和实现教学目标的关键。经济学院积极鼓励和重视推广具有创新性的、能充分调动学生学习主体性的、符合专业教育规律的先进课堂教学方式方法。许多教师在继承传统优秀教学方法基础上，对新教学方式方法进行了有益的探索，取得了明显的教学效果。大多数教师在课堂上普遍采用了案例教学法、启发教学法等新型教学方法，通过“案例—问题—讨论”的课堂进程，引导学生积极思考和发言，并在师生的共同讨论中获得相互启发，培养学生运用专业理论和与实际相结合的方法来提高分析解决实际问题的能力。

为了提升教师的教学水平与能力，经济学院积极鼓励教师攻读博士学位，到国内外知名高校访问进修，参加中宣部、教育部、国家民委和四川省等部门组织的能力提升的短期培训；设立教学改革与研究项目，评选教学成果奖、教学质量奖，开展青年教师授课技能大赛、电子课件制作大赛等，从而促进教师教学相长，教学质量不断提高。

2.2 新文科建设下经济学院教学存在的问题

随着科学技术的发展，为了培养复合型人才，教学模式也在不断革新，新文科建设要求经济学院响应当今学科融通发展的要求和经济社会对高端复合型人才的需求，培养宽口径、厚基础、多层次、创新型的人文社会科学交叉融通的高端人才。但是经济学院在具体开展的教学过程中存在一些问题，制约了经济学院的教学质量更好地提升。

2.2.1 课程思政建设亟待加强

新文科经济学人才培养必须推进以爱国爱党为引领的社会主义核心价值观教育，所以经济学课程教学一定要与新时代中国特色社会主义经济思想相融合。而经济学院专业课程的任课教师授课内容中缺乏对其思政元素的深入挖掘和提炼，思政元素与专业课知识结合上还做得不够，立德树人

的理念并未得到树立和强化。具体表现在课堂教学还停留在传统的知识讲授上，并未将思政元素内化为教学内容，以促进知识体系的与时俱进。

2.2.2 激活课堂活力不够

科学与人文相融合是新文科最突出的优势，经济学教学不仅要把大数据、人工智能、机器学习、区块链等新科技成果融入教学中，而且要充分利用互联网提供的各种辅助的新型教学工具，如学习通、雨课堂等。而经济学院各课程教学中使用学习通、雨课堂、混合教学等教学方法的比例仍然比较少，大部分教师还是停留在“老师讲学生听”传统单向的教学方法上，师生之间和学生与学生之间互动欠缺，老师讲授和学生学习被截然分为两个时空场域，导致教与学的分离。并且教学互动环节形式单一，似乎老师点名学生起来回答问题就是“互动”了。

2.2.3 教师责任心有待增强

教师是教学的主体，高素质的教师队伍是提高教学质量的关键，新文科建设要培养出复合型经济学人才，要求教师不仅要有较高的教学与科研能力，而且要求教师具有较强的责任心。在教学督导听课过程中，发现经济学院部分授课教师对学生在课堂上做什么基本不予管理，有的教师限于上课前象征性地点点名，对于之后学生出入教室、玩手机、说话或者做其他事情，大多予以忽略。课后在与授课教师交流后，授课教师表示以后会加强课堂管理的占多数；表示管理学生会影响正常上课节奏的也占到很大比例；还有教师认为在大学还管课堂纪律，有些不合适了，并表示大学生学与不学是自己的事情，这折射出教师责任心的欠缺。

2.2.4 教学中的理论与实践结合不够

新文科建设要求学生不仅能掌握经济学理论知识，更要加强实践能力。而高校的教师很多都是博士毕业后直接进课堂，教师缺乏相应的实践经验和知识，再加上对课堂教学投入的时间不足，所以课堂上理论与实践结合不够，课堂内容比较空洞，课堂吸引力也大打折扣。比如形势与政策课，这门课的思政正确性、严谨性要求极高，教师上课时所举的案例可能过多来源于“历史”和“政策”，所以学生学习起来没有太大的兴趣，通过了解学生的反馈，感觉只是被动地为了学习而学习。

2.2.5 新进教师教学经验与技能有待提升

从教学督导听课情况看，经济学院大部分新进教师专业知识丰富、备课充分，授课认真、课堂效果好，但也存在一些问题：一是很多课程属于新备课，教师对课程内容的掌控不熟练，特别是由于课程安排的原因，部分新进教师的课程并非其专业，导致上课较为吃力；二是授课技能需要提升，新进教师多为博士，且对其入职考核主要是考虑科研能力，其任期压力也主要集中在科研上，部分教师对备课以及教学技能提升的投入不够，导致课堂教学效果有待提升；三是部分年轻教师全程坐着上课，与学生互动较少。

2.3 改进和提高经济学院教学质量的几点建议

根据新文科建设要求，要采取有效措施，提升学生的思想深度和认知能力，提升学生运用经济学知识解决实际问题的能力，培养具有社会主义核心价值观的新时代的文科人才。这就要求经济学院在教学上应不断提高教学的深度与广度。

2.3.1 建议加大课程思政示范课的建设力度

在学校和学院两个层面加大课程思政示范课的投入和建设力度。建议教务处在教学学术研究中加大课程思政建设，在立项、经费、成果转化等方面予以保障。建议学院结合自身专业、课程等特色，逐步推进建设一批具有影响力的课程思政示范课，构建国家级、省级、校级和院级“四位一体”的课程思政体系。

2.3.2 建议促进一流课程建设经验的推广与应用

一流课程建设的顶层设计主要解决四个问题：课程目标轻育人的问题、课程内容缺挑战的问题、课堂教学缺探究的问题、课程评价不完备的问题，而这些问题恰恰是当前课堂教学中较为突出的问题。通过一流课程建设，一是带动和辐射其他课程树立先进的教学理念。促进教学中心由“教”转向“学”，教师角色转变为课堂的组织者、引导者和学习的合作者。二是形成科学的教学方法。教学方式从灌输式向探究式转变，从传授知识向建构知识、独立思考和研究性学习转变。

2.3.3 建议构建信息反馈和问题整改落实机制

教学过程中发现的问题如何才能快速完整地反馈到学院和教师，这是授课教师进行整改的前提。而加强过程检查和督促其整改落实，是确保教学质量提升的关键所在。建议形成教师的定期沟通机制，通过专题会议如教学院长会议，集中反馈意见，督促教师进行整改，并予以动态跟踪，压实学院和教研室责任，确保问题整改落地落实。

2.3.4 进一步优化学生评教系统

向学生宣传自己评教的重要性，教导学生合理行使自己的权利，告诫其不能恶意打分，但也不能马虎“充好人”。评教系统不能只有“分数”，而应该恢复到以前可以让学生写评语的系统。

2.3.5 加大教学质量评价在教师考核中的比重

在对教师考核时，如职称、评奖、评优等方面，加强教学质量评价的占比。但教学质量评价不能仅仅依赖于各类教学比赛的成绩，因为教学比赛具有极强的表演性质，与实际中课堂教学风格和主旨不太符合。实际中的教学不需要过度张扬，更多是安静的、春风化雨般的沐浴与熏陶，太过于形式主义会损害教育的本质。

2.3.6 建立教学质量奖惩制度

由于缺乏正式奖惩制度，仅有教学质量的底线，缺乏激励制度的设计，导致教师缺乏教学积极性。从教学督导听课情况来看，大部分教师都热爱教育事业，对教学投入大量精力，但如何维持并提升其教学积极性，需要进行制度规范。对于部分教学态度不端正或者教学效果持续性低迷的教师，还是应该有所约束，否则对认真授课的教师是一种变相打击。新文科建设背景下，对教师的教学质量提出了更新更高的要求，建议加强对教师的培训，更新教学方式，提升教学技能。

2.4 结语

经济基础决定上层建筑，经济是社会运行的根基和血脉，经济建设是社会发展最根本的问题。新文科建设背景下的经济学人才的培养，必须推进以爱国爱党为引领的社会主义核心价值观教育，立足于我国伟大的社会主义建设的巨大成就，加强理论与实践相融合，将经济学各专业理论的教学与中国改革实践结合起来，培养适应中国经济建设的经济学人才。新文科建设要求西南民族大学经济学院各专业培养经济学专业人才的“经世济民”情怀，培养出建设社会主义现代化强国的经济学人才。所以经济学院要立足新经济、面向新文科，紧紧把握历史机遇，加快教学改革与创新、提高课程教学质量。通过新文科建设下教学质量的提升，构建有中国特色的经济学学科体系，提升学生对现代经济发展的新现象、新技术的学习能力，提高学生对社会经济制度、经济政策、经济组织的认识能力，并让学生对于实现自己的理想有更坚定的认识，也能更加深刻地理解当代大学生在实现中华民族伟大复兴中的使命担当，从而培养出合格的社会主义建设的接班人。

参考文献

[1]栾红旭,刘世刚,栾淞婷,等．以课程思政为抓手创新经济法教学过程研究[J]．黑龙江教育:理论与实践,2019(5):8－9.

[2]邵将,伍婵提．高校专业课程思政的探索与实践——以金融学概论课程为例[J]．教育现代化,2019,6(32):145－148,151.

[3]王开宇．财经高校非法学专业经济法“课程思政”改革探析[J]．吉林广播电视大学学报,2019(5):147－148.

[4]郭庆,陈尚松．传统教学方法与多媒体教学方法的相互配合[J]．电气电子教学学报,2016(2):95－97.

[5] 孙鹏云．双语教学的课堂实践及思考[J]．内蒙古财经学院学报，2015(12):60－61.

[6]李杰,何玲．微观经济学快乐教学法探析[J]．管理观察,2014(14):32－35.

[7]焦平利,张英娟,朱玉红．传统讲授法与案例教学法教学效果调查分析[J]．职业教育研究,2013(2):17－23.

[8] 谢晓专．案例教学法的升华:案例教学与情景模拟的融合[J]．学位与研究生教育,2017(1):32－36.

3　“线上 + 线下”混合式教学模式的实践与思考

张　毅①

摘要：“线上 + 线下”混合式教学模式是指利用互联网教学工具，通过课前引导预习、线上自主学习、课堂上重难点讲解、线上实时反馈、全过程性考核等方式，实现以学生为中心、双向互动的教学模式。“线上 + 线下”混合式教学模式在实践中能够取得理想的教学效果，具有重要的实践价值。本文从“线上 + 线下”混合式教学法的内涵和目的出发，依据教学实践的经验，对“线上 + 线下”混合式教学模式在各教学环节中的实践进行了总结和思考，为新的教学模式在高校教育中的运用做了探索。

关键词：“线上 + 线下”混合式教学；自主学习；参与式

“线上 + 线下”混合式教学模式在我国高校开始大量应用，并带来了大学教育的根本性变化。总结近年来“线上 + 线下”混合式教学经验和遇到的问题，我们发现该教学模式极大地加强了学生主动学习的能力，使教师能及时掌握学生的学习情况，并能有效弥补传统式课程教学模式的不足。“线上 + 线下”混合式教学模式符合国家战略需求以及国家对新文科教学中着力打造线下、线上混合式教学模式的要求。② 本文试图从“线上 + 线下”混合式教学的内涵和目的出发，剖析课前、课中、课后三个教学环节中“线上 + 线下”混合式教学的实施方法和路径，对“线上 + 线下”混合式教学方法在高校教育中的实践进行探索。

---

①　张毅，男，湖北人，西南民族大学经济学院讲师。项目：本文受到西南民族大学校级教改项目“‘线上 + 线下’的混合式教学模式研究”（项目编号：2021YB05）资助。

②　樊丽明．中国新文科建设的使命、成就及前瞻[J]．中国高等教育，2022(12)：21－23.

3.1 “线上+线下”混合式教学模式的内涵和目的

“线上+线下”混合式教学模式是指利用互联网教学工具，如雨课堂、大学慕课等，通过课前引导预习、线上自主学习、课堂上重难点讲解、线上实时反馈、过程性考核等方式，将我国高校传统的以教师为中心、单向灌输为主的模式向以学生为中心、双向互动的模式转变，提高学生自主学习能力、思辨能力、创新能力，使其养成良好的学习习惯，从而取得理想的教学效果。

“线上+线下”混合式教学模式既是一种教学工具的创新，也是一种教学思想的创新，是在教师引导下的以学习者为中心的教学方式。互动式的互联网教学工具使得教学中学生既是教学的对象也是教学全过程的参与者，教师是学生主动学习的引导者、帮助者与促进者。教师可以实时监测学生学习过程、获取教学反馈，并根据学生的实际需要和能力，对教学内容进行实时的微调，充分利用丰富多样、直观形象的教学手段，鼓励学生主动思考、主动探索、主动创造。混合式教学模式加强了教师与学生之间的信息交流和反馈，使学生能及时解决学习中的困惑，深刻地领会和掌握所学知识，并能将这种知识运用到实际问题的分析上。

“线上+线下”混合式教学模式，可以实现以下教学目标：

第一，培养学生自主学习的能力。

现代社会是知识密集型社会，新知识不断涌现、原有知识不断更新，知识仅依靠单向课堂的传授远远不够，这使得学校的任务从重视传授知识扩展为更加重视传授学习知识的方法。只有学会学习，掌握学习方法，由学懂到会用、由学会到会学，才能适应现代社会的要求。而“线上+线下”混合式教学模式可为培养学生的这种能力提供有效的途径。它可以为学生创造宽松的教学环境，使学生端正学习态度，实现由传统教学模式下“要我学”向“我要学”的转变，从而逐渐形成自主学习的能力①。

第二，增强集体意识、提高协作能力。

在“线上+线下”混合式教学的过程中，学生通过分工协作能够提高

① 陈碧娜．主体参与教学：框架性实践[J]．新课程，2010(9)：47.

组织及协调能力，掌握分工协作的组织技能，同时能够使学生了解集体的智慧和力量，培养学生的集体意识。在“线上+线下”混合式教学的过程中又能使学生之间、师生之间加强交往，通过各种线上线下的交流能够培养学生人际交往能力①。

第三，增强学生的责任感与使命感。

学生在“线上+线下”混合式教学的过程中，通过线上资料的扩展可以了解国家政治、经济、文化建设的热点问题，可以了解当今世界最新的科技成果信息，可以运用所学知识去解决一系列现实问题，可以使学生得到创造更新和表现自我的机会，可以显示自己的个性特征、体现个人的价值。“线上+线下”混合式教学模式，提高了学生参与的积极性，使学生更好地了解社会、理解他人，增强服务社会、建设祖国的责任感和使命感②。

3.2 “线上+线下”混合式教学模式的课前环节

线上和线下相结合的教学模式，可以提高学生主动参与教学活动的积极性，增强学生学习的主动性。教学过程不仅是在课堂之内，而且在课前、课中、课后三个环节都可以通过线上教学工具的运用和线下课堂教学实践引导学生参与到教学中来，即课前参与、课堂参与、课后参与。

3.2.1 合理的教学设计

“线上+线下”混合式教学可以使学生充分参与教学活动，这对激发学生兴趣和内在动机非常重要，因此要求教师在课前必须运用好线上教学工具做好课堂教学的设计。首先，应精心准备与教学目标相适应的素材，包括图片、表格、多媒体资源、在线资源等，构建丰富的课前预习指南推送给学生，同时设计丰富多彩的课堂形式，如小组讨论、案例分析、即时问答等，调动学生课堂参与的主动性和积极性。其次，课前预习内容要紧扣教学主题，教学课堂活动的设计要有针对性，要充分考虑教学目标、教学内容、教学条件和环境等因素。最后，设计的线上线下教学活动应当以学生为主体，具有参与性、趣味性、创造性以及可反馈性，教师不但要提出

---

① 李莉，白云阁，徐少冈，等．教师课堂教学行为与学生课堂参与的关系——基于问卷调查的心理学实证研究[J]．教学研究（河北），2010(5)：13－16.

② 冯晓华．学生主动参与教学过程模式初探[J]．现代中小学教育，2011(5)：78.

学生需要回答的问题，而且让学生自主思考、主动提问，促使学生产生主动学习的兴趣。学生如果能够提出与学业相关的各种问题，就能够更好、更深入地掌握教学内容，从而使教学取得良好的效果，促进教学目标的实现。

好的教学活动设计，既要鼓励学生在对原有知识消化和理解的基础上，充分发挥创造性思维去完成难度适中或具有一定挑战性的任务，又要实现教学效果的及时反馈，使教师能够实时掌握学生的学习进度和情况，进行在线解答、线下解答等及时答疑解惑，还可以有针对性地微调教学内容，针对学生学习中出现的问题对症下药，及时疏通教学中出现的梗阻点。

3.2.2 引导学生进行课前预习和准备

预习是学生参与教学的最佳方法和重要手段，学生在课前进行充分的预习和准备后可以大大提高课堂学习的效率。[①] 首先，教师需向学生说明课前预习的重要性，并告知预习应该实现的目标，让学生有明确的预习目的。其次，教师应当采取适当的手段（如在线习题）来考核学生的预习情况，可以将学生课前的线上预习情况作为平时成绩构成的一部分，逐渐让学生养成预习的习惯，增强学习的主动性。再次，通过线上的方式向学生提出预习的具体要求，指定预习内容，同时应该强调该次预习的重点与难点。对于重点与难点可以通过线上互动、在线答疑等方式解决或者留到线下在课堂上指导解决。最后，根据教学设计的内容要求学生做好课前准备，如线上文档的阅读、在线问题的回答、互动讨论等。

3.3 “线上＋线下”混合式教学模式的课中环节

3.3.1 有序地组织线下教学过程

通过互联网教学工具可以实现“线上＋线下”混合式教学有序、高效开展，可以实时跟进评价效果和微调教学内容。学生通过线上预习后，线下的课堂教学可以将重点放在教学难点或者学生普遍出现困难、困惑的地方。尽可能让每一个学生参与到教学中来，尤其是课堂讨论、小组活动等，

① 张毅，刘媛媛．参与式教学法在高等教育中的实现路径［J］．绵阳师范学院学报，2011，30（8）：4.

利用在线随机点名系统，充分调动学生的注意力和专注力，通过即时提问线上回答的方式来考核。同时，可以对教学内容进行适当的微调，如对学生困惑比较多的地方进行详细讲解，并应用实例、案例等方法让学生深刻地理解和掌握；而对于学生掌握得比较充分的内容可适当简略。

3.3.2 鼓励学生质疑提问

学是从“问”开始的，只有通过主动发现问题、思考问题，才能够解决问题，成功掌握知识。提问是调动学生学习积极主动性、培养学生创新思维能力的有效途径。因此，在教学中需运用各种有效的方式引导学生提问和质疑，开拓学生思路，如允许学生用弹幕的方式实时提出学习中遇到的困惑。鼓励学生提问和质疑，首先要教给学生提问的技能，引导学生从不同角度看待问题、发现问题。其次，对于学生提问比较多的地方，可以纳入课后的线上教学讨论，引导学生自由地讨论、分析和解决问题。在学生自主讨论问题的时候，教师可以通过点赞、回帖等方式进行引导，为学生自己答疑解惑提供必要的帮助，形成良好的学习氛围，这是“线上+线下”混合式教学非常便利的地方以及重要的内容之一。

3.3.3 实时的教学反馈

通过线上教学工具，可以实时清点学生到堂情况，并了解学生回答问题的情况，使教学反馈即时化。这样可以最大限度地帮助教师掌握线下课堂教学的进度和效果。常用的线上教学工具都有点名签到功能，充分利用这个功能可以有效节约教学时间。在每一个知识点后设置简单的知识点问答，让学生在线回答，可以将学生掌握的情况及时反馈给教师。教师可以通过反馈的实时情况对该知识点进行补充或扩展。

3.3.4 总结评价，拓宽提高

课堂教学时间快结束时，可以简要地将教学中的重要理论知识和基本技能推送给学生复习，有利于学生进一步掌握所学知识并有所收获，也可以将本堂教学内容的习题推送给学生，让学生线上即时回答。对于学生回答的习题，有共性问题要及时指出，答疑解惑；有个别问题要引导学生讨论，通过讨论让他们拓宽知识面，提升认知能力，也可以通过线上一对一的方式回答，解决个别问题。课堂末的短时间内使学生回顾本堂课的核心内容，实现通过课堂教学就能够让学生总体把握本次教学任务的主要内容。

3.4 “线上 + 线下”混合式教学模式的课后环节

3.4.1 课后练习、自我评价和线上反馈

布置适量的课后习题，可以帮助学生自主检验学习成效，使学生了解自己的学习情况，从而调整学习状态。课后练习题既可以使学生加深理解课堂教学中学习到的知识，又可以使学生在完成练习题的过程中掌握解决问题的方式、方法，使学生增强解决问题的能力。通过互联网教学工具，给学生推送习题，学生在完成习题后能够立即了解到习题完成的情况。同时亦可以将习题的解析附在习题后，在学生完成习题后，若仍有不明白的地方，可以即时查看习题解析，从而完全掌握知识点。通过线上习题的方式，还可以让教师及时掌握学生学习的情况，极大地减轻教师批改作业的工作量，提高批改作业的效率。

3.4.2 建立信息共享渠道，进行讨论交流

互联网教学工具的讨论区、微信和 QQ 群的建立，可以让学生们非常便利地进行讨论和互动。在互联网教学工具的讨论区中放置一些与教学内容结合紧密的讨论题，学生可以自由回复（记作平时成绩）。微信和 QQ 群用于答疑解惑非常方便，回答学生普遍性问题的时候，可以使用“引用”或“回复”功能，减少教师重复工作量，问题和回答的方式多样，可采用照片、截图、语音等方式。同时也可以设置固定的教师在线答疑时间，同时鼓励学生互帮互助答疑（可以将群内有效发言记录作为平时成绩的一部分），教师可以在一段时间内复查讨论内容，在必要的情况下给出指导，这样可适当减轻教师的工作量并提高学生参与度。

3.4.3 课外拓展

除了课堂教学以外，课外实践也是学生学习的重要渠道。利用线上资源，让学生走出课堂，通过互联网、多媒体等现代知识传播体系，扩宽学生知识面，丰富学生精神生活，陶冶学生情操。线上资源可以通过线上教学平台、互联网交流工具推送给学生，使学生能自由安排学习时间，将教学活动有效地扩展到课外。通过线上资源的推送，还可以让学生将视野放

至整个社会，让学生带着现实问题去收集、整理资料，去发现、思考和探索与课程相关的现实问题，更好地运用在教学课程中学习的知识，从而达到更好的教学效果。

3.5 “线上+线下”混合式教学模式的应用分析

虽然高校教育中学科特点有很大不同，但是“线上+线下”混合式教学都能够适当调整以运用到不同学科。针对高校教育中学科特点，“线上+线下”混合式教学法可以在线上或线下安排不同的教学内容，也可以采用不同的教学工具，这需要结合具体的学科具体分析。如会计学、公司金融等课程，教学中可以把“线上+线下”混合式教学的侧重点放在课前预习及课后软件仿真上，这是由这类学科特点所决定的：这些课程涉及较多的前置课程，这些知识准备应当要求学生在课前完成；另外，这些课程具有应用性和可操作性，因而可以在课后推送数据让学生模拟实验等，使学生通过自主学习的方式，掌握和运用课堂教学内容，从而达到教学的目的。再如经济学、管理学等课程，这些课程的目的是分析社会现实问题，侧重点可以放在课后的线上讨论上，通过线上教学讨论，既能节约课堂教学时间，又能让学生深入地思考、发现、分析和解决问题，培养学生利用理论知识分析社会现实问题的能力。

3.6 结语

“线上+线下”混合式教学过程是一种以学生为中心的学习过程，也是一种利用新型教学工具的创新的教学过程。线上教学适合布置课前预习内容，对基础知识点进行讲解，对教学效果进行即时反馈；线下教学适合对教学重难点进行详细拓展。“线上+线下”混合式教学，能够把线上教学和线下教学结合起来，极大地提升教学效果，增进学生对知识点的理解和掌握，提高学生的自主学习能力、思辨能力、创新能力，促进学生综合素质全面发展。同时在实践过程中，我们发现新的教学方式也面临一些新的挑战，如在教学内容选择方面，存在“线上+线下”的内容配合和协调的问题。因此，需要借鉴“他山之石”，汲取各类有效的教学方法，使“线上+线下”混合式教学模式进一步完善。

参考文献

[1]樊丽明．中国新文科建设的使命、成就及前瞻[J]．中国高等教育，2022(12):21－23.

[2]陈碧娜．主体参与教学:框架性实践[J]．新课程,2010(9):47.

[3]李莉,白云阁,徐少冈,等．教师课堂教学行为与学生课堂参与的关系——基于问卷调查的心理学实证研究[J]．教学研究(河北)，2010(5):13－16.

[4]冯晓华．学生主动参与教学过程模式初探[J]．现代中小学教育，2011(5):78.

[5]张毅,刘媛媛．参与式教学法在高等教育中的实现路径[J]．绵阳师范学院学报，2011,30(8):4.

4 重技术也重写作：新文科建设背景下经济学学术研究教育双面统筹

戴季容　黄　毅[①]

摘要：新文科建设对经济学的学科发展提出了一系列崭新要求，而经济学学术研究教育所面临的不少挑战都源于教育模式陈旧和质量控制不足，因此当前应转向创新教育模式和把控学术质量的改革路径。创新教育模式要求在教育中重视阅读能力和双面统筹能力的培养，把控学术质量要求改变方法导向思维、严抓写作道德规范，本文就这两个方面对经济学学术研究教育改革路径进行了探讨，并认为做好技术—写作双面统筹是经济学学术研究教育改革的重点。

关键词：新文科建设；经济学；学术教育；学术写作

4.1 引言

2018 年，教育部高教司在“四新”建设中明确提出新文科概念，正式揭开了新文科建设的序幕。2020 年，教育部新文科建设工作组发布《新文科建设宣言》（以下简称《宣言》），对新文科建设做出了全面部署，《宣言》提出了六大发展任务，其中就包含“推动模式创新”和“打造质量文化”。

对于经济学而言，学术研究相关的教育中，常见的教育模式是“辅助选题—确定方法—撰写论文”。这一模式中，前两者较大程度地决定了论文能否得到理想期刊的录用，因而相关学术写作教育会将更多的注意力集中

① 戴季容，四川绵阳人，华中师范大学统计学博士生。黄毅，女，汉族，四川邻水人，西南民族大学经济学院教授，研究方向为国际服务贸易。

在这一方面；至于“撰写论文”这一环节，往往只需在权威期刊上找一篇优秀论文，将结构、格式和一些学术话术简单复刻下来即可，众多学者称这种模式化的论文为“新八股文”，批判其质量水准走低。

模式化虽然一定程度上是学术发展规范化和标准化的产物，但也因为其“重技术，轻写作”的性质导致一部分学者急功近利，似乎选择一个亮眼的选题，挖掘一系列合适的数据，采取一个时髦的方法——甚至都不需要学习这个方法的原理，只要找到一段开源的代码，就可以写出一篇优秀的论文。黄炜等（2022）批评了用于评估政策效应的双重差分法的泛滥与误用，认为“许多研究并没有正确地理解双重差分法基本识别假设和需要注意的问题”，“长期来看这种错误会极大阻碍我国经济学研究与国际一流研究接轨的脚步，产生的伤害不可谓不严重”①。江艇（2022）在一篇论文中批评了中介效应逐步检验法的过度使用和对调节效应分析在因果识别中作用的阐发不足②，该论文在全国范围内产生了极大的影响。而在研究方法的滥用误用中，这两种方法仅仅是较具代表性的冰山一角。除此之外，在经济学领域，学术论文只注重选题新颖、方法独特是远远不够的，学者们更推崇讲好一个经济学“故事”，那么文字功力就成了普通论文到优秀论文的点睛之笔——许多诸如《经济研究》之类的顶级刊物常常在标题的拟定上花费相当的工夫，对于正文的严谨性要求则更甚；不只是国内刊物，国外刊物实际上也非常重视论文的文本质量，为追求表达的严谨性和阅读的舒适性，编辑批注的修改建议常达几百条、上千条。

必须指出，本文更多探讨的是经济学中更为普遍的因果推断类论文，纯理论技术类论文不在讨论范围内。“重技术，轻写作”的现状显然并不符合新文科高质量发展的要求，因此在新文科建设背景下，要“推动模式创新”“打造质量文化”，就必须统筹经济学学术研究教育中的“技术”和“写作”，做到既重技术也重写作。因此，新文科建设背景下经济学学术研究教育需走一条创新教育模式和把控学术质量的改革路径，前者要求建立

① 黄炜，张子尧，刘安然．从双重差分法到事件研究法[J]．产业经济评论，2022(2)：17－36.

② 江艇．因果推断经验研究中的中介效应与调节效应[J]．中国工业经济，2022，410(5)：100－120.

起重视阅读能力培养、做好写作双面统筹的教育新模式，后者则要求在经济学学术研究教育中规避方法导向写作、严抓写作道德规范，后文将就以上两个方面对经济学学术研究教育改革路径进行探讨。

4.2 重视阅读能力培养，做好写作双面统筹

4.2.1 阅读能力的培养决定了写作的下限

好的写作依赖于庞大扎实的语料库，学术写作同样不能免俗。研究性学术写作专业性质更强，要求高度的专业性、严谨性、准确性和可读性，故写作者的语料库中就应该有相对应的储备。阅读是扩充语料库储备的唯一方法，它决定了一位学者在写作方面的能力下限。

好的文献，甚至包括诸如《经济研究》之类的“顶刊”上的论文，常常方法未曾标新立异，选题并非别出心裁，乍一看似乎并没有明显高明的地方，许多研究生往往浅尝辄止，海量阅读后觉得写作能力也并没有长足的进步，这种情况是表面而粗浅的“无效阅读”。正如在培养英语阅读能力时，“泛读”和“精读”两个概念通常被强调，学术阅读也是如此。经济学学术研究教育中必须首先培养学生的阅读能力，具体而言至少包含三个方面的内容：阅读认知、阅读方法、阅读积累。

阅读认知的培养关键在于强化阅读的目的性，即学会带着问题进行阅读，透过文本进行深度思考。以阅读优秀刊物上的一篇学术论文为例，读者应对自己不断提问：这篇论文对我的研究有所帮助吗？这篇论文整体框架结构是怎样的？这篇论文为什么能够被这样的优秀刊物录用，它的亮点在哪里？这篇论文进行了怎样的机制设计，使用了怎样的研究方法？这篇论文是如何规范其学术语言的？这篇论文是如何进行观点呈现的？通过不断的自我提问，读者更容易捕捉到一篇优秀论文的高明之处，尤其是其在文字表达上的学术性和凝练性。

拥有正确的阅读认知，即拥有了正确的前进方向，顺着这个方向前行，还需搭配正确的阅读方法。事实上，好的阅读方法是非常简单的——反复阅读。正如前文提及的，在英语阅读中存在“泛读”与“精读”，同样地，在进行学术阅读时，也应选择性地对部分文献进行深入、反复的“精读”。首先需要明确，怎样的论文是应该被精读的。通过正确的阅读认知，在初

次接触文献时就能对其产生大致的判断，因此那些涉及和有益于自身研究的、框架结构完整清晰的、存在研究或写作亮点的、机制分析和研究方法值得借鉴的、学术语言规范性较强的、观点呈现凝练有力的文献，即是应当被反复精读的。

反复精读的目的只有一个，那就是进行阅读积累。在反复的阅读中，首先要关注研究和写作的基本思路和技术，其次要分别学习标题、摘要、内容提要、引言、政策背景、文献综述、理论分析、研究设计、数据来源与处理和结论与启示中的学术语言、学术想法，最后进行归纳总结，形成一种长期的阅读积累。这种阅读积累，不仅包含直接源于文本的学术语言、学术想法的语料积累，也包含结构设计、机制逻辑的思维积累。

在经济学学术研究教育中通过阅读认知、阅读方法、阅读积累三个维度的阅读能力培养，能够引导学生形成良好的阅读习惯，为其在学术写作方面的感知体系和语料库的构建打好基础。

4.2.2 统筹意识的教育决定了写作的上限

真正进入写作环节后，就需要考虑技术和写作两部分的关系。一方面，重技术、轻写作可能导致的问题前文已阐明；另一方面，轻技术、重写作也并非良方，这种思维下撰写出的论文，其理论构思和因果推断往往存在科学性不足、关键论据缺位和不合时宜的“掉书袋”等缺点。唯有平衡好技术与写作的关系，既重技术，也重写作，做好双面统筹，才能规避两种错误思维产生的问题，确保论文兼具科学性和文学美。统筹意识是使论文在“讲故事”时既深刻又精彩的核心要点，这一方面的教育将决定一位学者在写作方面的能力上限。

简单地说，统筹能力是关于技术与写作两面间的总平衡，但将其加以细化，可以扩展为三个子平衡的统筹能力——文量的统筹能力、结构的统筹能力，以及时间的统筹能力。因此，对于统筹意识的教育也应从这几个方面展开。

首先，要整体把握文量方面的统筹能力，即论文中技术部分和非技术部分的文量分布比例的平衡。一篇好的因果推断类论文，必须讲好一个经济“故事”，若技术部分过多就会导致可读性不足，这种情况下建议浓缩技术部分，将非关键推论放到附录里；类似地，若非技术部分过多又显得冗余，毕竟在做一些理论推导时，大多数情况下使用数理或图表都比使用文本更清晰简洁。因此必须做好技术部分和非技术部分的文量平衡，使论文兼具阐述观点时的可读性和陈列论据时的清晰性。

其次，要从结构上平衡技术部分和非技术部分，这既包括大板块间的平衡，也包括大板块中的平衡。通常，大板块内很难完全只有技术内容或非技术内容，但往往总有一者占据主导地位。例如文献综述，一般采用非技术的撰写方式，即文本形式，然而知识图谱技术的发展也使其逐渐具备技术性形式，但归根结底，文献综述还是可以被归纳为非技术部分；此外，数据来源中往往较多地涉及数据挖掘、数据清洗和数据处理等技术形式内容，同时其在阐明为何选择这些数据时也需要充足的文本阐述，因而也存在非技术形式，但总体而言，数据来源是被归纳为技术部分的。在设计写作框架时，需要使技术性板块和非技术性板块错落有致，用技术性板块构建逻辑脉络和思维“枝干”，用非技术性板块拓展逻辑推理和丰富文本“树叶”，使论文读起来清晰紧凑、一气呵成。大板块中的平衡亦是同理。

最后，打磨一篇好的论文需要花费大量的时间。撰文者如果不能很好地平衡技术部分和非技术部分的时间投入，就容易出现“一鼓作气、再而衰、三而竭”的情况，导致论文在某一部分出现明显缺陷。通常，非技术部分，即文本写作，因为被投入时间更多的技术部分挤压，更容易出现虎头蛇尾的情况。毫无疑问，技术部分的存在是使得学术论文中的经济“故事”不同于普通文学故事的关键，因而需要被予以重视；但是非技术部分决定了读者对经济“故事”的观感，因此不应该对其持轻视的态度，草草了之。一个好的非技术部分的写作，在初稿时应该写完整，每个细节都交代清楚，详细铺开；初稿完成后，将其打印出来反复阅读、咬文嚼字，尽可能在修改中增强文本的多样性，避免使用相同的词组描述同一件事情，同时提炼观点、精简文字、简约表达，在这一过程中不要畏惧初稿被推翻重写。

事实上，做好技术—写作双面统筹是经济学学术研究教育改革的主要重点。为兼顾论文的理论深度和可读性，对于学术写作而言技术与写作没有任意一方是可以被轻视的，论文的打磨必须双向推进。强调阅读能力的培养，是希望可以在技术与写作双面都进行有效积累；强调规避方法导向思维，是为了合理使用研究方法中的技术要素；强调严抓道德规范，是为了避免写作要素中文本的机械式抄袭和技术要素中的人工伪造行为。总而言之，只有既重技术又重写作的写作思维，才能使学科发展顺应新文科高质量发展的总要求。

4.3　规避方法导向写作，严抓学术道德规范

4.3.1　由方法导向转为问题导向

“重技术”意识下，一个极其错误的撰文思路就是方法导向。方法导向，即在国内外优秀刊物上寻找时髦而稀奇的新计量方法，然后将研究对象、研究区域进行适应性变换，最后将整体框架与研究设计全盘照搬，完成一篇看似有方法创新，实则是变相抄袭的论文；或者仅仅意图蹭上某一新兴政策的热度，先决定用哪个方法看上去比较新奇，再依据方法在政策范围内拟定研究对象，最后照猫画虎地撰出文稿。

方法导向产生的不良后果主要体现在四个方面：第一，现实意义不足。如果研究的初衷不是为了解决现实问题，那么就像是“为了吃口醋，而包了顿饺子”，研究最终很难对经济社会产生实际作用。第二，理论认识浅薄。在方法导向这种浮躁的心态下，学者会盲目地追逐方法热点，自然不会深耕某一方法的理论基础，就算利用这一方法完成了论文撰写，往往在理论层面的认知上也就涉足一点皮毛。第三，方法改进缓慢。公认优秀的研究方法并非生来就是优秀的，例如，在效率测度上认可度较高的DEA方法，也是经过经济学学者们的不断探索、不断改进，以适应时代的需求，如果在研究中既不注重现实意义，也不深化理论认识，遑论与时俱进地进行方法改进了。第四，以误传误泛滥。如果论文撰写者的认识出现了偏差，那么读者就会产生更大的偏差，甚至导致审稿人和编辑的认识错误，进而导致方法的广泛误用。黄炜等（2022）在批评双重差分法的泛滥与误用时就提到，在研究出现偏差与错误的情况下，“许多学术期刊的匿名审稿人也出现了这些错误和问题，使得一些匿名审稿人提出没有意义甚至是错误的修改建议，而论文作者多数时候只能将错就错去迎合匿名审稿人，甚至将

原本正确的做法被迫修改为错误的做法，可谓是见笑于大方之家”①。江艇（2022）在批评中介效应逐步检验法的过度使用时也提到，“仅以国内某权威期刊近两年发表的文章为例加以说明，其中暴露的问题在目前国内研究中具有普遍性”②。

要解决这一问题，就必须转换思维导向。《宣言》在阐明新文科建设所遵循的发展道路时，明确指出要实现“经管法助力治国理政”，因而经济学学术研究的落脚点必须以社会经济的发展需求为导向，因此撰写论文的思路应由方法导向转为问题导向。首先，问题导向是以实际经济社会存在的问题为出发点，探索一个具备科学性的解决方法或改革路径，其现实意义是显然的；其次，要解决现实问题，行文的因果推断就不可以是空中楼阁，故必须在研究中做好机制分析和研究设计，这就要求对于理论有深刻而正确的认识；此外，经济社会发展中的问题不是亘古不变的，发展的不同阶段会面临不同的挑战，相应地会对研究方法提出新的要求，所以问题导向的研究思路有利于推动方法的完善与改进、促进理论的发展与演化，使研究中可能存在的偏差与错误不断减少。

4.3.2 强调写作中的学术道德规范

在经济学的大多数研究领域，一篇论文的机制设计、数理推论和计量分析部分占比都不会太大，因而相较而言过度强调这部分内容会导致忽略对占比更大的文字部分的打磨。不愿意打磨文字，却又不能跳过文字，使得许多学者更愿意走捷径。所谓“天下文章一大抄”，诸如此类的学术不端行为违背了学术精神和道德规范，不仅败坏了学术风气，还严重阻碍了学术进步，给学术研究和教育带来负面影响。

在学习写作初期，“模仿”是常见的起步阶段，但是需要辨明“模仿”和“抄袭”之间的差别。模仿更多地在于结构设置、研究设计、逻辑思路等方面，模仿是为了站在巨人的肩膀上培养独立的写作能力、形成独有的写作风格；抄袭则是“拿来主义”地将他人的东西归为己有，生搬硬套地

---

① 黄炜，张子尧，刘安然．从双重差分法到事件研究法［J］．产业经济评论，2022（2）：17－36.

② 江艇．因果推断经验研究中的中介效应与调节效应［J］．中国工业经济，2022，410（5）：100－120.

填进自己的论文中，往往显得不伦不类。因此，一定要在模仿的同时，养成“信息输入—信息编译—信息再编码—信息输出”的习惯，绝不能直接套用他人论文结构、挪用他人原文；如果使用原文是必要的，一定要注明出处。

此外，因果推断类经济学研究的定量研究往往依赖于大量的数据，尤其是面板数据分析研究，为了满足估计量的无偏性和一致性，通常样本量较大，对于时间跨度、研究对象数量、控制变量和工具变量等都有一定要求，但现实中的官方统计数据却经常存在数据缺失、口径不一致、统计量名称改变等问题。面对这一系列挑战，虽然也存在较为科学的数据补全方法、清洗方法和其他处理方法，但是一方面这些方法本身大都存在一定缺陷，会导致后续研究产生偏误；另一方面，不同的刊物编辑、审稿人会有不同的认知，数据处理方面的问题常成为其诟病论文的靶点，进而影响发表。同时，即使数据完整，也存在研究结果与预期相违背的情况，这种现象一般是由模型设置错误、变量遗漏、存在内生性等问题导致的。许多撰文者在遇到以上两种情况时，为了投机取巧，会通过伪造数据、购买非法窃取的数据、修改图表等方法解决，以求最后呈现出完美的“三星”显著性。对于此类学术不端行为，教育工作者需端正态度，充分认识到学术不端行为预防的重要性，强调写作道德与写作规范。

学术不端行为会腐蚀相关学者的学术人格，促成不良风气在学术界的传播，不利于研究能力的提升和理论改进的推动，有悖于学术研究立足现实的立场，无法提供科学可行的政策建议，最终将导致人力和物力的无谓耗费。因此，在经济学学术研究教育中必须强调写作中的学术道德规范，加大监督力度，培养学生的学术批评思想，促进严肃的学术风气的形成。

4.4 结语

新文科建设背景下，经济学的学科发展需要迈向新方向，其中就包括经济学学术研究教育应走向一条创新教育模式和把控学术质量的改革路径。在经济学学术研究教育中，教育模式的创新至少应当从阅读能力和双面统筹能力两个主要方面展开，而学术质量的把控则要求从思维上由方法导向转为问题导向、从规范上严抓学术道德。

阅读能力的培养有利于扩充学生的语料库，使其在写作中满足高专业性、强科学性的要求。同时，必须强调区分“泛读”和“精读”两个概念，从阅读认知、阅读方法和阅读积累三个方面培养学生的阅读能力，使其形成良好的阅读习惯，为学术感知体系和语料库的构建打下坚实基础。在正式写作中，必须权衡好技术和写作两部分的关系，规避错误思维产生的不良影响，确保论文兼具科学性和文学美。必须认识到，做好技术一写作双面统筹是经济学学术研究教育改革的重点，只有既重技术又重写作的写作思维，才是顺应新文科高质量发展的总要求的写作思维。

同时，需认识到受以往“重技术，轻写作”认知的影响而产生的方法导向思维是极其错误的，在这一错误思维引导下撰写的论文往往现实意义不足、理论认识浅薄、方法改进缓慢、以误传误泛滥。要解决这一问题，就必须使撰文思路由方法导向转为问题导向，以实际经济社会存在的问题为出发点，解决现实问题，在研究中做好机制分析和研究设计，因地制宜、因时制宜、实事求是地进行学术研究。此外，还必须强调写作中的学术道德规范，严禁走学术不端的捷径。

参考文献

[1] 蒋寅．治理学术腐败和学术不端行为的思路与对策[J]．社会科学论坛(学术评论卷),2009,197(9):1,30-63.

[2] 徐海丽．学术不端行为及其预防措施[J]．中国科技期刊研究,2015,26(6):545-551.

[3] 刘普．我国学术不端问题的现状与治理路径——基于媒体报道的64起学术不端典型案例的分析[J]．中国科学基金,2018,32(6):637-644.

[4] 黄炜,张子尧,刘安然．从双重差分法到事件研究法[J]．产业经济评论,2022(2):17-36.

[5] 江艇．因果推断经验研究中的中介效应与调节效应[J]．中国工业经济,2022, 410(5):100-120.

第2篇

专业发展篇

5　新文科建设中经济学类专业选修课程考核方式改革的设想

刘　彤[①]

摘要： 通过对新文科背景下经济学类专业选修课程教学活动的经验总结，对选修课程教学目的与考核情况反馈的差异进行分析，并根据选修课程作业、考试设计的课堂调研活动的相关结论，提出了在培养文科复合型人才的新文科建设中对选修课程考核方式进行改革的一些设想，以突出新文科建设通过人才能力提升和人格塑造实现立德树人的教育目标。

关键词： 经济学类专业；专业选修课程；考核方式；考试方法改革

新文科建设强调学科交叉、文理相融，反映了目前高等教育领域中学科发展与人才培养的新趋势。新文科建设中，促进学科交叉、融合是为了“提高高校服务经济社会发展能力”，是为了更好地解决现实世界中的复杂问题，需要重新思考教育的目的和学习的组织方式。[②] 2015 年联合国教科文组织（UNESCO）发布《反思教育：向“全球共同利益”的理念转变?》的报告中，也提出“人们寄希望于教育能够培养个人和社会掌握适应变化并做出反应的能力”，“教育应该以人文主义为基础，以尊重生命和人类尊严、权利平等、社会正义、文化多样性、国际团结和为可持续的未来承担共同责任”。[③] 因此，在新文科建设中，对经济学类专业人才的培养需要从课程

---

① 刘彤，女，西南民族大学经济学院副教授，研究方向为国际商务、企业经济。

② 魏志鹏，杨克虎．循证社会科学视角下的新文科建设路径研究［J］．兰州大学学报（社会科学版），2021，49(1)：142－150.

③ 联合国教科文组织．反思教育：向“全球共同利益”的理念转变？［M］．联合国教科文组织总部中文科，译．北京：教育科学出版社，2017.

教学目的、教学模式、教学活动、教学质量控制等方面的改革和创新入手，以适应高等教育发展的这一新趋势。

在新文科建设中，要注重培养学生的应用能力和公共意识，强调培养学生全面扎实的跨学科知识积累，要求学生具有开阔的眼界和宏观的视野，对社会、经济、政治、历史以及政府管理等方面具有一定的认知，具备多学科复合型知识和学习能力、适应能力、技术应用能力、实践能力等，培养学生成为应用型、复合型人才，从而有利于提升其综合素质、拓展其就业领域和从业边界。①

根据笔者多年经济学类专业选修课程教学实践的经验，新文科建设已经对经济学类专业选修课程的教学设计提出了新的要求，也为考核方式改革指明了方向，有利于发挥选修课在学生形成复合性知识结构、提升综合素养及工作能力方面的重要作用，而不是基于满足培养方案中学分数量要求的被动选择，也有利于转变学生对选修课不够重视的态度，改变以课程任务要求简单及考试成绩分数较高作为选课标准的现象。

为探讨新文科建设中经济学类专业选修课程考核方式改革，本文从四个方面进行阐述：第一，将新文科背景下选修课程教学活动经验进行概括，说明现有考核方式的合理性及其效果；第二，将选修课程教学目的与考核情况反馈的差距进行分析，强调考核方式改革的必要性；第三，通过课堂调研搜集学生对选修课程作业、考试方式的建议，并结合个别访谈内容整理调研结论；第四，提出基于需求导向的以培养学生能力为核心的选修课程考核方式改革创新的一些设想。

5.1　新文科背景下选修课程教学活动经验概括

新文科建设的内容极为丰富，对经济学类专业的选修课程教学活动而言，主要是通过教学安排设计，促进学生运用语言、数学、哲学、信息科学技术等基础知识，并通过学科交叉性质的选修课学习培养整体性思维，

① 马海涛. 新文科背景下的财政学科建设与发展[J]. 人大报刊复印资料应用经济学评论，2022，2(1)：1－100.

提升学生新技术应用能力、丰富学生的人文情怀。①

笔者讲授多门经济学类专业选修课程，在20多年的教学活动组织中，主要通过三个方面侧重于提高学生的道德修养和思辨能力，提升学生的综合素质。第一，在课外作业布置方面，要求学生能使用技术工具高效地查阅、提炼、组织有效信息，具备数据采集、数据分析等多方面的大数据应用能力；第二，在课堂讨论活动中，通过组织情景学习方式消除传统课程讲授过程中学生参与度不高的弊端，并采取翻转课堂、角色扮演等方式提高学生参与的积极性和主动性，锻炼学生心理素质和应变能力；第三，在学习小组项目中，为学生提供展示个人风采的舞台，激发学生学习兴趣、挖掘学生潜能，培养其判断能力、决策能力、沟通能力、领导能力和团队合作精神。在完成选修课程教学任务的同时，也发现一些学生对选修课程进行了积极的拓展学习。

在《国际商务谈判与礼仪》《战略管理》《管理学原理》《中国经济史》《商务礼仪与公文写作》《消费者行为学》等专业选修课程中，主要采取团队项目形式，发挥学习小组在课堂教学创新活动中的作用，取得了一定的成效。从小组课堂展示活动情况看，学生们热情高涨，积极参与，基本实现了课程教学目标。也有个别学生反馈小组作业费时较多，考核要求较高，与选修课程时间投入少而分数高的预期存在差距。

笔者认为在选修课程中，建立学习小组并完成团队项目作为平时作业和期末考试内容，是提高选修课程参与度的有效方式，主要经验概括如下：

第一，学习小组的建立过程极为重要。组成方式可以按自愿或随机组合建立，在不同选修课程都有实践，发现两种组成方式各有利弊。建立学习小组需考虑性别结构、专业结构、民族亚文化、地理亚文化等因素，尽量实现人员多元化，充分利用选修课学生的不同专业背景建立跨专业交流机制。学习小组规模以5~6人为主，个别小组多达8人，容易产生“搭便车”现象。

第二，学习小组的分工合作是考核的重点。要求在小组名称设计方面

① 唐衍军，蒋尧明．论“四跨”融合下新时代新文科审计人才培养[J]．财会月刊，2021(6)：105-108.

协商一致，体现成员的创新意识、学习态度及价值观。分阶段对小组活动的进度进行检查，加强项目任务的引导和控制，鼓励小组内部完善激励约束机制，对积极参与者、外围人员等角色和工作进行合理安排，鼓励寻求外援支持。

第三，分享交流小组选题是观察学习的好机会。通过了解不同小组研究主题的决策，可以分析影响选题的各种因素，既要考虑小组成员的兴趣和他们对选题内容的熟悉度以及对热点问题的把握，也要兼顾完成项目的难度和时间投入的可行性。

第四，重视小组项目过程中的学习材料制作。要求工作总结中涉及资料搜集准备情况，并通过书面报告反映遇到的困难、问题及解决办法。对小组演示报告的展示交流情况进行反思，提出现场气氛控制等改善沟通效果的措施。

第五，正确看待小组项目评估成绩。小组作业活动效果取决于多种因素，由于成员来自不同的行政班级，对学分制培养方案中的选修课程有不同的选课动机，因同学关系和学习时间的不同可能存在学生学习态度和学习投入时间的差异，需要对小组成绩有合理的期待和认知。

第六，团队项目形式对不同学生能力提升有不同影响。在小组活动中存在参与度和贡献率的差异，有些学生积极参与市场调查活动，表现出较强的信息搜集能力、沟通能力和团队合作能力，也有些同学在书面表达和口头表达方面展现出优势。目前发现的主要问题有：书面写作能力亟待加强，即兴发言要加强练习，使讲话有条理、有层次、详略得当，邮件沟通应该表达出干练的言语，展现出礼貌的态度。

可见，选修课程将小组作业和团队项目形式作为考核内容有一定的合理性，可以快速建立学生跨专业的合作机制，但也因小组规模较大，有时不能有效体现小组内各成员的学习效果，某些学习认真和能力突出的学生也会因小组成绩不佳受到影响。

5.2 选修课程教学目的与考核情况反馈的差距

选修课程的教学目的主要是让学生初步了解一门课程的基本知识结构和重要概念，突出课程的学习价值，激发学生进一步学习探究的兴趣，因此与必修课程的考核要求有较大的差别。而且选修课程因入门课程性质的特点，一般选择的教材也偏重于系统性知识介绍，内容比较庞杂，通常采取开卷考试，以课程论文形式居多，要求也没有必修课严格，部分同学也形成了容易通过考试获得学分的印象，在课程学习过程中不够认真，作业完成质量及考试内容情况也反馈出没有达到选修课程拓宽视野、发现个人兴趣以及提升综合素养的预期目标。

据笔者承担的选修课程教学实践体会，发现教学目的与考核情况反馈的差距主要表现在以下三个方面：

一是专业选修课程学时少，考核方式相对单一，考试成绩不能准确反映学习效果。由于经济学类专业选修课的学时相对较少，某些课程如《商务礼仪与公文写作》仅有 1 学分 16 学时，如果采用团队作业形式进行过程性考核，费时费力的团队作业可能成为“搭便车”的温床，无法准确评估小组各成员的真实参与情况，小组成绩的评定可能无法准确体现学生的学习情况。

二是学生同时选修多门课程，选课以求便动机、求实动机为主，对考试成绩存在较高期待。例如，有些学生一个学期的课程有 13 门，对必修课程的学习给予更多时间上的安排，对选修课程的学习则投入时间较少，直接决定了选课动机，不利于选修课程教学活动的目标实现。作业要求和考核内容安排都需要考虑到学生是否有足够的学习时间，能否独立思考并完成，而不是从网络上大量引用、借鉴和抄写。

三是选修课程班的学生专业不同，给对选修课程实施过程性考核带来困难。由于选修课学生数量较多，学生在选修课前期对基础课程的知识掌握程度方面存在较大差异，对选修课程的教学内容深度、难度设计提出了更高要求，如何兼顾不同学生的真实学习需要，平时作业内容安排、考试方式的创新可能成为有效的引导方式，可尝试具有可操作性的分层教学。

笔者在多门选修课程的教学工作中，也为考核方式能否更加科学、客观地反映学生的学习态度和学习能力所困扰，并为此进行了学生群体的调研和个别访谈。

5.3 选修课程考核方式设计的调研分析及结论

通过课堂活动环节，在规定的时间内，让线上线下参加课程学习的学生对课程作业和考试方式的设想进行开放式书面回答，并与个别同学进行了一对一面谈和网络访谈，对选修课程考核方式设计进行的调研信息汇总后，主要结论如下：

第一，从调研活动本身作为课堂作业情况看，参与度高达90%。大多数学生能够简要清楚地表达自己的真实想法，有层次地组织语言，语气恰当。个别学生文字不够流畅，错别字明显。有一些学生思路清晰，逻辑严密，提出了自选作业的思路并指出其可以起到发挥不同学生能力优势的作用，可以通过口头表达和书面表达两种形式给学生提供展示自我能力的机会。

第二，从课程考核的重点看，存在对课程知识的了解掌握、理解运用的差异偏好。体现在试卷设计方面，一般包括客观和主观两类题型，前者是复述书中的知识点，后者是用论述方式来表达个人对知识点的具体理解。在偏重考核对课程知识的理解运用方面，采用论文形式；案例分析通常是针对社会经济现象、新闻等开放性问题的探讨，或是对企业案例的比较分析。也有学生提出可通过提交小组作品作为团队学习效果的体现，如何界定团队成员的贡献并给予合适的评分，并在全班范围内实现公平竞争，可能有一定的难度。

第三，从课程考核的时间看，需要较长准备时间（超过一周）完成考试。学生普遍认为随堂考试的试卷可以提前发放，以便有足够的时间查阅资料并整理分析。应避免最后一周多门课程集中发放试卷，在一周内需要完成多份试卷，无法保证质量，有时会出现课堂上赶写其他课程试卷的情况。也有学生提出开卷考试可能存在抄袭过多资料的情况，建议通过查重率的规定进行事先约束。在论文字数方面，可以要求不少于2000字。

第四，从课程过程性考核看，作业应体现对学习态度与学习效率的双重评价。学习态度以考勤率为基础，可以设定为80%的基本要求，一般性的事假与病假等均包括在内，特殊情况除外。有同学建议课程全勤者及座位选前排者有适当加分，鼓励营造积极活跃的课堂氛围。在作业完成主体方面，可以分为个人作业及小组项目（2～3人），允许自行选择独立完成作业，或自由组合共同完成小组项目。个人可根据兴趣自选主题，以课程论文提交或以课堂分享活动展示完成。小组项目也可选择通过书面报告或课堂展示完成。

第五，从选课动机角度看，课程作业形式可多元化。比如平时作业可通过短剧、音乐、PPT 演讲、写作等多种形式完成。而课堂分享活动，可通过点评环节加强观察学习，按照学号顺序进行，以便合理安排准备时间和作业进度。以写作为主题的作业，可涉及书籍推荐、生活事件等个性化内容，也可要求对教材、企业案例、课程等进行个人观点的表述或根据兴趣和特定阅读资料撰写报告。将教学内容与社会生活实践相结合，学以致用，做到知识的迁移性学习，培养思考能力和分析能力。

第六，突出课程考核中过程性评价的作用。重视作业的即时测评，可充分利用教材提供的每章课堂小测进行复习巩固，也可以通过学习通等软件进行测试结果分析，对难点、弱点强化辅导；还可以在课堂问答和当堂小测中检查学习效果，强调对重点内容的学习记忆。

此外，学生还建议利用社交媒体平台进行课堂内外的讨论互动。根据大学生群体中的隐形“社恐”现象，利用网络沟通渠道的便利性加强学习引导和师生互动交流，激发学生的学习兴趣。

5.4　新文科建设中选修课程考核方式改革思路

为充分发挥专业选修课程对培养学生创造性思维及提升综合素质方面的促进作用，可以在新文科建设中，对选修课程考核方式进行改革创新，思路如下：

第一，对于实务类的选修课程可进行基于选课动机的分层教学试点。可以侧重于在作业布置方面体现分层教学的思路，对于不同选课动机的学生通过作业的自选方案进行分类要求。一方面，对以完成学分要求为主要目的的同学，要求以了解学科和课程基本框架与基础知识为主，不要求进行理论与实践相结合的应用性作业练习，侧重于要求复述、理解。另一方面，对以拓展学习视野、提升分析和解决问题能力为目的的同学，要求在了解课程基本框架的基础上，通过案例分析、课程论文等形式进一步培养理论与实际相结合的思维方式，鼓励其做文献综述、分析现实经济活动等作业练习，通过对具体问题的分析思考和书面表达挖掘其学习潜力，提升自主学习能力。

第二，选修课程的课堂参与度指标可多元化，不应局限于考勤率。选修课的严格考勤要求使学生到课堂之后选择消极参与方式，如完成其他课程的作业和视频学习，进行影音娱乐、睡觉及使用社交媒体交流，无法形成有效的学习氛围。可以尽量在课堂上完成相关作业和单元测评，作为平时成绩评定的内容。

第三，允许选修课进行双向选择，实现教学双方对教学目标和要求的认同。提供1~2周的试听选择期，方便学生补选和退课。试听期间选修课的作业和考试要求，可以作为过滤器，尽量为对该课程的重要价值有认知并能有积极学习态度的学生提供学习机会。

第四，根据作业完成情况及时调整过程性评价方法。在作业布置环节对学风建设、学习态度等方面进行反馈，了解学生群体中因同伴效应带来的学习动力和学习热情并引导到对课程的时间成本及精力投入。将慕课资源的利用和作业完成相结合，鼓励学生自主性学习，拓展阅读学习范围。

第五，运用案例教学法进行不同阶段的学习效果评价。在作业中可侧重于个人决策过程的分析、管理方案比较可运用角色模拟法进行讨论、课堂分享可交流作业完成过程中的工作方法和个人感悟，突出试误法学习的价值。考试采取案例分析，则侧重于运用课程的理论知识来分析实际问题，并提出解决问题的思路和措施。

第六，课程论文作为期末考试形式进行总结性评价。通过撰写课程论文检查能否运用课程基本知识分析特定问题，作为本科毕业论文的预热项目，进行专业学术写作的训练。避免随意摘抄的惯常做法，应根据教材的内容进行相关问题的总结概括，并提出个人的观点，通过更严谨规范的学术语言进行表达，提升写作能力。当然，由于生成式AI技术的运用，还需要考虑ChatGPT等工具对学生课程论文客观评价的消极影响。

总之，在以培养应用型、复合型人才为导向的新文科建设中，需要对经济学类专业选修课程的考核方式进行改革创新，通过教学实践不断探索更科学、合理的有效评价方法，培养学生创新思维能力并提高综合素养。

参考文献

[1]刘伟,王轶,杨东. 深入推进学科交叉融合,助力新文科建设[J]. 大学与学科,2021(4):44-60.

[2]赵奎英. 新文科"超学科"与"共同体"[J]. 南京社会科学,2020(7):130-135.

[3]杨国臣,戴秀青,温志园. 新文科背景下应用型本科审计学专业课程体系构建研究[J]. 商业会计,2021(24):124-127.

[4]杨灿明. 新文科建设的"七个维度"[J]. 新文科教育研究,2021(1):17-27.

[5]刘坤,李龙. 重构与推进:新文科背景下的高校哲学社会科学变革[J]. 学位与研究生教育,2022(1):21-30.

[6]魏志鹏,杨克虎. 循证社会科学视角下的新文科建设路径研究[J]. 兰州大学学报(社会科学版),2021,49(1):142-150.

[7]联合国教科文组织. 反思教育:向"全球共同利益"的理念转变?[M]. 联合国教科文组织总部中文科,译. 北京:教育科学出版社,2017.

[8]马海涛. 新文科背景下的财政学科建设与发展[J]. 人大报刊复印资料应用经济学评论,2022,2(1):1-100.

[9]唐衍军,蒋尧明. 论"四跨"融合下新时代新文科审计人才培养[J]. 财会月刊,2021(6):105-108.

6　新文科背景下民族高校经济学专业教学改革探讨

笪凤媛[①]

摘要：在新文科背景下，民族高校经济学专业要通过优化专业课程体系，重视交叉学科与跨学科知识方法，提升学生综合能力，培养学生国际视野与家国情怀等，而积极实施课程教学改革，有助于民族高校实现立德树人的根本任务，培养出时代发展需要的跨学科综合型人才。本文通过阐述新文科背景下民族高校经济学专业改革的侧重点，分析和探究了新文科背景下民族高校经济学专业教学改革的主要举措。

关键词：新文科；民族高校；经济学；教学改革

6.1　新文科建设的重要意义

习近平总书记在2016年哲学社会科学工作座谈会上的讲话中指出："一个没有发达的自然科学的国家不可能走在世界前列，一个没有繁荣的哲学社会科学的国家也不可能走在世界前列。"[②] 当前，新文科建设全面启动，我国高等教育进入全面提质创新的新阶段，对民族高校经济学专业课程的建设提出了新的要求。2021年3月，教育部发布了《教育部办公厅关于推荐新文科研究与改革实践项目的通知》，新文科研究与改革实践项目面向全国普通本科高校开展。经济学作为新文科的重要组成部分，其教育改革势在必行。

美国俄亥俄州的希拉姆学院（Hiram College）于2017年首次提出了新

---

① 笪凤媛，女，西南民族大学经济学院副教授，研究方向为发展经济学。基金资助：西南民族大学2021中央高校基本科研业务费专项资金项目（项目编号：3300221856）资助；西南民族大学校级教改项目"民族类院校本科生《计量经济学》课程教学改革探索与实践"资助。

② 习近平．在哲学社会科学工作座谈会上的讲话[N]．人民日报，2016－05－19(2)．

文科概念，认为新文科是对传统文科进行学科重组、文理交叉，将新技术融入哲学、文学、语言等课程体系中，实现跨学科的融合和交流（洪永淼，2021）①。目前，学术界认为新文科的内涵主要体现在两个方面：一是新文科以现有传统文科学科为基础，赋予了文科领域人才培养模式新的内容，以保证其专业素养为前提，再去适应社会不断发展和日新月异的科学技术更迭的需求，由此不断更新教学内容及教学模式；二是在原有的文科培养模式上有新的突破，具有融合性、创新性、发展性及战略性等特征。中国建设新文科的核心要义是要立足新时代，回应新需求，促进文科融合化、时代化、中国化、国际化，引领人文社科新发展，服务人的现代化新目标（樊丽明，2020）②。

经济学是文科的一个重要学科门类，西南民族大学经济学专业于2003年开始招收本科生，2010年获批校级示范性专业，2011年获应用经济学一级学科硕士学位授予权，2019年获理论经济学一级学科硕士学位授予权，2022年获四川省一流本科专业建设点。经济学专业紧紧围绕民族高校办学宗旨与建设“有特色、高水平”大学的办学目标，紧跟数字经济时代对经济学专业人才的需求趋势，为国家和民族地区经济发展培养具有良好思想品德和道德修养、自觉践行社会主义核心价值观和铸牢中华民族共同体意识，具有扎实的理论基础和数字信息处理能力、宽厚的专业知识和国际化视野，富有创新精神、创业意识和能力的应用型、复合型、创新型经济学高素质专业人才。当前，经济学专业作为四川省一流本科专业建设点，其专业建设的核心是在新文科背景下，积极围绕一流专业建设进行一系列的新探索和实践创新，提高人才培养质量，促进民族高校内涵式发展。

6.2 新文科背景下经济学专业改革的侧重点

在新文科时代背景下，中国经济学的“新”，首先体现在理论创新。进入新时代，中国经济学在理论研究方面最主要的任务是构建新时代中国特色社会主义市场经济理论，揭示新时代中国经济发展规律。其次，新文科

① 洪永淼．新文科和经济学科建设[J]．新文科教育研究，2021(1)：63－81.

② 樊丽明．新文科：时代需求与建设重点[J]．中国大学教学，2020(5)：5－8.

背景下中国经济学的另一个重要内涵是关于数字经济的理论创新，在以数字科技为主要驱动力的第四轮工业革命中，中国在代表未来经济形态的数字经济的很多领域引领世界潮流。大数据和人工智能技术正在推动中国经济转型升级，提升资源配置效率，极大地促进了生产方式的变革和社会生产力的发展。总之，新文科背景下中国经济学的构建，既要重视经济思想，也要重视研究方法，尤其是需要与时俱进，重视研究方法的科学性与现代化。

6.2.1 注重经济学专业的课程思政建设

课程思政是新文科建设中经济学专业落实立德树人根本任务的内在要求。2020 年 11 月，教育部发布的《新文科建设宣言》中提出，要牢牢把握文科教育的价值导向性，坚持立德树人，全面推进高校课程思政建设。课程思政以立德树人为根本任务，对大学生思想价格塑造具有重要的引领作用，有利于坚持社会主义办学方向和育人功能。经济学专业融入思政教育是新时代建设新文科本科教育的基本要求，是经济学专业教学改革创新的现实需要。因此，经济学专业课程思政教学改革创新具有重要的现实意义和紧迫性。

西南民族大学“培根铸魂 · 启智润心”课程思政研讨会（第一场）于 2022 年 5 月 31 日召开。会议强调民族高校要以传承红色基因、扎根中国大地办大学为宗旨，要为民族地区培养大批靠得住、留得住、下得去、用得上、干得好的人才，课程思政做到全覆盖，课程门门有思政。作为专业课教师的主力军，要打好课堂教学主战场，用学生喜闻乐见的方式教学，参加会议的各学院骨干教师代表也发表了各自在教学过程中的探索实践。

作为经济学专业的必修和启蒙课程，《经济学基础》课程的教学设计首要目的是用“铸牢中华民族共同体意识”引领专业教学的全过程，充分阐释习近平新时代中国特色社会主义思想理论内涵，全面提升课程教学铸魂育人功能。比如，在教材第二章中国经济的学习过程中，首先要求学生能领会衡量一国总产出的指标——GDP 的概念，通过带领学生查阅历年统计年鉴数据，让学生从我国经济发展的总量及人均指标的变化中，深刻体会祖国建设的成就，增强学生的责任感和使命感，将个人追求融入国家富强、民族振兴、人民幸福的伟大梦想之中，牢牢把握文科教育的价值导向性，强化价值引领。

6.2.2 优化经济学的培养方案与课程设置

为了应对新技术革命、新工业革命、经济全球化带来的挑战，需要及时更新、优化经济学专业的培养方案与课程设置。如《经济学基础》课程在货币与银行的学习章节，在理解传统的货币概念 M1、M2 等的基础上可以引入数字货币的概念、发展历史及功能特征等，可列举反映数字经济最新发展的典型案例。同时，也需要开设一些新课程，特别是新兴学科和交叉学科，如数据科学、机器学习、数字经济学、人文经济学、新发展经济学、政策经济学等。其中，人文经济学可以使学生了解经济学与人文社会科学如何互相影响、互相渗透，借助于大数据和机器学习，经济学家可以通过文本数据，采用定量实证方法研究人文经济。过去 40 多年，中国成功的经济发展模式，彰显了亿万人民从实践中探索出来的中国特色社会主义市场经济制度的优越性，这可以构成新发展经济学的核心内容。而为了更好地服务社会经济发展的重大需求，我们需要科学地设计、制定、实施各种经济公共政策，这就需要政策经济学。传统的经济学教材都会强调市场上有只“看不见的手”，但看不见的手并不是万能的，市场并不是内在稳定的。当出现市场失灵，就需要政府“看得见的手”来纠正市场失灵。那么，政府该如何干预经济，让市场在资源配置中发挥决定性作用，而且更好地发挥政府的作用？如何结合中国改革开放以来的经济发展实际经验，通过制定和实施各种经济公共政策来实现经济稳定持续发展？这些都是经济学专业的学生值得深入探索的问题。

总之，课程设置必须能够把握时代特点与历史发展趋势，如数字经济的发展趋势、经济全球化的发展趋势，此外，还需要与现实经济社会密切互动，准确把握现实社会脉搏。当然，课程优化配置还需要打造一支能够从事学术前沿研究的国际化师资队伍。

6.2.3 重视交叉学科与跨学科知识方法，提升学生综合能力

新文科经济学人才培养需要重视交叉学科与跨学科知识方法。经济学教育的重中之重是培养学生的经济思维能力，包括从经济学视角观察问题、

分析问题以及解决问题的能力，特别需要养成学生的经济直觉与经济思想。在以互联网、移动互联网为代表的新技术革命浪潮下，学生的知识来源不再局限于课堂和任课教师，而是互联网、朋友圈等多元化渠道，知识碎片化现象也较突出。新文科建设需要增强师生之间以及学生之间的情感交流，需要培养学生的独立判断能力，特别是批判性思维能力，还需要培养学生的写作能力、解释能力、沟通能力、表达能力以及演讲能力等。

经济学的研究方法特别是定量研究方法要求学生学好微积分、线性代数、概率论与统计学等基础数学课程。这些课程也是贯穿于经济学专业的整个本科学习过程。通过交叉学科与跨学科的课程学习，要让学生知道该如何挖掘数学概念与数学公式的经济含义，如何将数学工具应用于经济分析，这也是经济学专业学习必不可少的重要组成部分。如在《经济学基础》课程中名义收入和实际收入变动率之间的数量关系，银行创造货币的货币乘数及财政政策的乘数效应等概念的理解；《计量经济学》课程中，被解释变量或解释变量进行对数运算后的斜率系数的经济含义、弹性、半弹性等，半对数模型中如何计算解释变量变动一单位，引起被解释变量变化的准确百分比，线性概率模型等都离不开微积分、概率论与统计学和经济学的学科间交叉融合。

此外，在大数据时代，学生还要掌握大数据分析技术，包括数据科学与机器学习，需要计算机科学、物理学、心理学、生物学等交叉学科的基本知识。在大数据时代，需要培养学生的动手能力特别是数据分析能力，如搭建多元化实训实践教学平台、建设文科重点实验室等，这些为经济数量分析的非实验数据提供了类似自然科学的试验可能性，如能够获取实时股票市场数据，让学生可以在学习书本的理论知识基础上，在真实的金融市场环境下研究投资者的投资心理行为等。而以数据为基础的定量实证研究则需要分析数据、建模、估计、推断，这些也都离不开数据处理与计算编程等，因而需要培养学生的动手能力，实现学生的自由全面发展。

6.2.4 培养学生的国际视野与家国情怀

经济全球化要求培养学生的国际视野与家国情怀。2020 年，习近平总书记在经济社会领域专家座谈会上对经济社会学者提出了四个要求，其中一个要求就是树立国际视野。目前全国正在努力建设国际化营商环境，全方位扩大对外开放，进一步推动经济全球化，这就需要在对外经济交往过程中熟悉国外文化，尊重国际规则，积极参与国际规则制定与国际经济治理。经济全球化在推动世界经济增长的同时，也不可避免地导致了不同国家、不同地区、不同群体的利益分化与矛盾。在这样的国际现实面前，我们不能忘记自己是中国人，要有家国情怀。

在经济学专业教学过程中，应注重课程内容的层次分明和逻辑严谨，同时在培养学生系统经济学分析能力时，寓“国”于课。如《宏观经济学》课程学习中，通过引导学生关注中国经济宏观形势以及不同环境下我国的宏观经济政策，深化国情教育，涵养学生的家国情怀和爱国意识，有效实现理想信念层面的价值引领。受新冠疫情影响，我国宏观经济面临着诸多制约因素，复苏进程缓慢且充满不确定性。中国经济该如何助力世界经济复苏，成为亟待解决的问题。在宏观经济学的课堂上，以“国内生产总值”“消费者物价指数”和“失业率”宏观经济三大基础指标为切入点，从基础的概念、定义、模型和公式出发，结合中国、美国和欧洲的宏观经济表现进行对比分析，在一次次演算推导中启迪学生思维，在一个个亮眼数据中厚植家国情怀，坚定“四个自信”。时刻教育引导学生作为新时代经济建设的接班人，不仅需要具备分析和解决复杂经济问题的能力，更应该有一颗“报国赤子心”，用智慧和行动推动我国经济行稳致远，助力中华民族伟大复兴。

6.3　新文科背景下经济学专业教学改革措施

以习近平新时代中国特色社会主义思想为指导，围绕民族高校办学宗旨，铸牢中华民族共同体意识，培养创新型、复合型、应用型各民族高素质人才。大力推动新文科教育改革实践，积极推进经济学教学的数智化改造和服务地方经济的数智化研究与推广应用，力争建成国家级一流专业。

深化课程思政建设理念。结合经济学的学科特点，深化经济学专业知识教育与家国情怀培养相融合，围绕立德树人，在“三全育人”的思想理念下，推动课程思政建设向法学、社会学、大数据、人工智能等多学科交叉，理论和实践结合发展，将中国特色社会主义建设和改革经验融入经济学专业课程教学中，采用课程专题、教学案例、社会实践等多形式融入思政原色，培养具有正确价值观的人才，实现思想、价值、专业素养等培养目标协同发展。

经济学专业课程思政建设围绕新文科提出强化价值引领和问题导向，注重解决教学过程中所面临的实际问题，引导学生树立正确的价值观。课程思政建设要把握顶层设计的正确性，系统细致地设置经济学专业课程体系，推动课程思政教学设计与经济学课程在教学目标定位的互动；要将正确的思想、价值培养纳入经济学专业授课计划，将家国情怀、社会责任、创新能力、人文精神等思政元素贯穿整个经济学专业基础课、专业核心课及专业实践课，明确思政元素在课程中的作用。

6.3.1　加快专业课程交叉融合，打造数字经济教学研究创新基地

全面推进课程思政，打造一批思政与经济学专业有机衔接的金课。要不断推进课堂信息化革命，将“互联网+”“教育技术+”等手段融入课堂，通过智慧课堂、慕课、微课、翻转课堂等新的课程模式，打造线上线下混合金课。搭建智慧教学平台，实现大类课程群与微课程群有机融合。注重实践教学与双创教育，实现学习、实践、就业和创新创业的有机统一，鼓励学生参与跨学科、交叉互动、具有特色的双创竞赛等。利用大数据、人工智能驱动传统经济学研究方法的革新；加快教学研究项目建设，探索实施网络化、数字化、智能化、个性化教育；突出平台经济、网络零售、共享经济、区块链经济、人工智能与算法合谋、大数据经济等互联网经济相关教学研究内容，促进经济学教育对接数字化转型，推动经济理论的重大创新。

6.3.2　创新人才培养体系

新文科建设要求培养学生的国际视野与家国情怀，使其成为能够学以致用、服务社会、造福人类的“多元化、复合型、创新型”人才。因此，新文科背景下人才培养方案要紧紧围绕以上人才培养目标来制定，以学生为中心，以产出为导向，强化通识教育，体现中国特色，形成“思想教育+通识教育+专业教育+创新创业教育”的立体化应用型、复合型经济人才培养体系。通过“教、研、训”与课程思政有机衔接，健全经济学

"三全育人"教学环节考评体系。优化理论教学课程体系，探索教学手段多元化，依托翻转课堂、SPOC、精品在线开放课程平台等推进课程教改，打造一批线上线下融合的"金课"。创新实践教学课程体系，提高学生的自主性和能动性。强化拓展训练体系，组织各类学术竞赛、学术讲座及学生项目，提高学生创新创业能力。完善质量评价体系，增强学生成绩评价的全面性，多渠道考查学生的自主学习能力和创新能力。

6.3.3 创新特色实践教学模式，课堂教学方式方法"智能化"

在教学方式上，重视信息技术与课堂教学的融合，将"线上+线下""传统教授+虚拟仿真""第一课堂+第二课堂""校内课堂+校外实践"有机结合，突出学生的主体地位。按照导师制、小班化、个性化、国际化的要求，教学过程采用案例法、小组讨论、实验教学、项目式教学、情景模拟等方法，探索开展灵活多样的学习活动。加强实训环节建设，把新技术融入实验实训课程，微学术提供综合性、跨学科的实践，不断加深对专业知识的理解。挖掘校外资源，开展深层次、宽领域的校企合作，借鉴"双元制"模式，攻坚实验室、校外实习、实训基地等，使学生提前接触实际"工作岗位"，提高学习的针对性和效率。构建跨计算机科学、经济、管理三大学科的互联网新业态专业集群等实践教学场所。引进和开发专业课程校内模拟实验实训智能软件，实现主要专业课程校内课堂实验实训全覆盖。加强与双流区、郫都区、新都区、彭州市、峨眉山市、北川县等地方政府合作，建设一批长期稳定的学生认知实习和专业课程校外实习基地。推进与数联铭品、中科大旗等成都人工智能典型企业建立实践教学基地，坚持"培育与共享并举"的思路，打造特色数智人文。

6.3.4 加强复合型师资队伍建设，推进新文科师资建设

注重师德师风建设的引领作用，不断提高教书育人水平，加强经济专业师资队伍建设。将"引进来"和"走出去"相结合，鼓励专任教师参加国内外研修和培训，提升学历学位，加强人才引进，注重师资队伍梯队与跨学科团队建设，实现政治素质、业务能力的全面提升。提高应用型本科院校新文科教师的实践操作技能，打造专兼结合、结构合理、交叉通融的新文科经济学专业师资队伍。将专业与产业对接，构建由实践能力强、经

营管理经验丰富教师组成的“双师制”教学团队。参加相关教学研讨会议，提升校内专任教师的教学能力。制定科学、细化的分类分级教师认定的基本条件、专业标准以及考核要求，给予相应的资格补贴，并实行一年一认定的动态管理，形成教师梯次发展、考核与激励并举的政策体系。构建灵活的人才引聘机制，一方面从行业企业直接引进具有高级专业技术职务和丰富行业经验人员，另一方面通过灵活的教学工作安排、薪酬制度，从合作企业兼职聘用管理专家、专业骨干，建设一支实践能力强、专业素养高、专兼职结合的复合型师资队伍。

6.3.5 引领文科发展的评价体系与社会服务新模式

建立人才培养目标达成度的定性和定量考核指标，组建校、院、学科构成的三级质量保障机制，完善教学质量标准、动态控制、质量反馈和评估体制，形成教师教学、学生学业、质量检测“三位一体”的质量保障体系。加强教学管理与监控，建立电子档案形式的过程评价记录，实施学生学业跟踪分析，科学设置评价标准与体系，将分段培养与整体培养相结合，建立长效常态的教学监测体系。根据经济学专业课程的特点，把以教师“教得好”为主的评价标准转变为以学生“学得好”为主的评价标准，实现从“评教”向“评学”的转变。充分发挥学校在科研、人才方面的多民族优势以及地处西部民族地区的区位优势，联合四川大学、西南财经大学、电子科技大学等高校合作组建专家团队，成立乡村振兴研究院，重点开展民族地区数字经济和数字乡村建设项目的实验、示范与推广等活动，并定期编撰西部地区数字经济建设发展报告等。定期开办民族经济人才培训班，组织民族经济领域知名专家学者开展民族地区专家咨询团活动，为协同推进民族地区经济高质量发展献智献策，助推实践教学和应用型人才培养。

6.4 结语

新时代新使命要求文科教育必须加快创新发展。经济学作为基础学科，新文科建设为该专业教学改革指明了方向。新文科背景下经济学应用型人才培养应注重学生家国情怀和国际视野、实践能力、跨学科融通，并构建中国经济学课程体系。时代化、中国化的新文科建设内涵，要求经济学应用型人才培养必须按照新理念重新思考和谋划。

参考文献

[1] 习近平. 在哲学社会科学工作座谈会上的讲话[N]. 人民日报, 2016-05-19(2).

[2] 樊丽明. 新文科:时代需求与建设重点[J]. 中国大学教学,2020(5):5-8.

[3] 洪永淼. 新文科和经济学科建设[J]. 新文科教育研究,2021(1):63-81.

[4] 胡金焱. 在传承创新中打造"新"文科[J]. 新文科理论与实践,2022(3):69-75.

[5] 乔榛,吴艳玲. 新文科背景下的经济学专业创新发展研究[J]. 黑龙江教育(高教研究与评估),2021(5):37-39.

[6] 王学典. 新文科与新时代[J]. 新文科理论与实践,2022(1):39-47.

7 数字经济时代财税专业人才培养研究

肖育才[1]

摘要： 数字经济时代科技创新更为迅速，新技术不断融入各行各业，新技术条件下财税行业对人才技术需求发生了深刻变化，对财税专业人才培养产生了重要影响，财税专业在数字化转型过程中需要对人才培养进行系统重构。鉴于此，本文针对数字经济时代财税专业人才技能需求的变化，分析了数字经济对财税专业人才培养的影响，并阐述了数字经济时代财税专业人才培养面临的挑战，最后提出了数字经济背景下财税专业实现智慧型财税人才培养的路径。

关键词： 数字经济；财税专业；人才培养；智慧型财税人才

党的十八届三中全会将财政定位为“国家治理的基础和重要支柱”，财政要为国家治理能力现代化提供基础保障，这便要求财税专业人才培养要与国家治理能力现代化相适应。与此同时，由于信息技术、互联网的发展，大数据、云计算、人工智能、区块链等新兴技术的迅猛发展，正在全球范围内引发新一轮的科技革命，带来了数字经济的蓬勃发展，数字经济浪潮席卷全球，数字经济时代的生产方式、生活方式等发生了巨大变化，人才培养需要与数字经济发展相适应，面临着巨大挑战。为了适应这一发展趋势，我国高等教育发展亟待进行转型与改革，2020 年 11 月 3 日，教育部新文科建设工作组主办的新文科建设工作会议召开，并发布了《新文科建设宣言》，全面部署了新文科建设。新文科建设是适应数字经济发展，对人文

---

① 肖育才，男，湖北人，西南民族大学经济学院副教授，经济学博士，公共管理博士后，硕士生导师，研究方向为财税理论与政策。资助项目：本文受到西南民族大学 2021 年校级教改项目“数字经济时代智能财税人才培养研究”的资助。

社科专业发展与转型提出的新要求，也为人文社科专业人才培养提供了机遇。财政税收专业属于应用型较强的专业，并且财政税收专业正在与其他各学科从理论和实践两个层面不断融合。面对数字经济，财税专业人才培养应该基于新文科要求，打破文理划分的学科限制，应该不断融入新科技，培养智慧型财税人才，更好地满足数字经济发展对智慧财税人才的需求。鉴于此，本文基于数字经济对财税专业人才需求的影响，对智慧型财税人才培养进行探索。

7.1 数字经济时代财税专业人才技能需求的变化

数字经济依托于数字技术，数字经济时代科技创新更为迅速，新技术不断融入各行各业，新技术条件下财税行业对人才技术需求发生了深刻变化。根据2020年影响中国财税的十大信息技术评选结果，电子发票、会计大数据、电子档案、区块链技术、数据挖掘以及在线审计等成为影响财税行业的主要新技术，这些新技术催生出了新业态和业务模式，随着人工智能、区块链等技术引入会计、税务、财政与审计等工作中，财税行业进入了智能化与数字化时代。与此同时，智能财政、智慧税务、政府云采购、数据湖等新技术的应用，也带来了财政与税务制度与管理的根本性变化，这些都对财税专业人才技能提出了新要求。数字经济时代财税专业人才应该具备现代化的财税新技术，并且兼具财税专业知识与国际视野等综合能力。

具体而言，数字经济时代财税专业人才技能需求的变化主要体现在以下几个方面：一是财税专业人才应具备多元化的知识结构。对于企业的财税人员，将在一定程度上与业务相融合，如需要参与企业价值链管理，需要从业务中获取或收集数据，从数据中参与并管理企业业务，从数据分析中为决策提供支撑，这就要求财税人才的知识结构趋向多元化。二是财税人才的专业知识混合化。人工智能的影响实现了财税工作的智能化，财税人员可以从大量重复烦琐的工作中解放出来，但是财税人才需要在专业工作中融入新技术，这就要求财税专业人才的专业知识与新技术融合，专业知识趋向于混合化。三是财税人才专业能力的复合化。信息技术与数字技术在财税领域的广泛应用，要求财税人才除具备专业知识，还应具备计算机、互联网、大数据、智能软件等的操作能力，同时还要具备一定的数据挖掘与可视化分析能力，这就要求财税人才专业能力不仅限于专业知识，专业能力趋向于复合化。

7.2 数字经济对财税专业人才培养的影响

近年来，随着“大智云移物”的繁荣与发展，发展数字经济已成为全球共识和战略。据中国信息通信研究院发布的《全球数字经济白皮书(2022年)》，2021年，全球47个国家数字经济增加值规模为38.1万亿美元，同比名义增长15.6%，占GDP比重为45.0%。数字化贯穿于政府疫情防控和防洪抗灾，中国政府全面化、智能化的数字化服务已进入新的阶段，数字经济使我国的政治、经济、社会民生等多方面发生了深刻变革。可见，数字经济时代，无论是个人、家庭、企业还是政府治理都将融入数字技术，这必然对智能型人才产生极大需求，也会推动高校专业人才培养的转型与变革。

在数字经济背景下，财税专业人才需求将发生重大变化。根据财税专业学生就业来看，主要集中在政府部门，如财政、税务、海关以及各事业单位的相关财务或国有资产管理岗位，还有一部分可能会进入企业从事财税方面工作。无论是财税部门工作还是在企业从事财税相关工作，都面临着数字化转型对人才产生的新的需求。一方面，财税部门在进行信息化革命过程中，不断引入数字技术，财政税务管理信息化和智能化不断升级，特别是在税收征管上数字技术应用越来越广泛，国务院和国家税务总局颁布的《关于进一步深化税收征管改革的意见》就提出了数字化升级与智能化改造的具体时间节点。可见，政府部门在数字经济时代的数字化转型过程中，对相关智慧财税人才需求将大幅增加。另一方面，数字经济时代企业也面临数字化转型和产业数字化，具体到企业的财税工作而言，智能化将是企业财税数字化转型的目标，也对财税人才培养提出了新的要求。

总体而言，数字经济发展对财税专业人才培养产生以下几方面影响：一是对人才培养目标的影响，传统工业经济时代的财税专业人才培养模式已经无法适应数字经济发展的需要，数字经济对财税专业人才培养带来了新的挑战和机遇。二是数字经济下财税专业课程体系面临挑战，大数据、人工智能、区块链等技术不断融入具体财税实践中，这就要求财税专业人才培养过程中需要对专业课程体系进行重新设计，特别是需要进行跨学科融合的课程设置。三是对财税专业人才培养中的教学形式的影响，数字经济下需要通过将各类科技平台融入教学中，如财税仿真实验室平台建设等，使学生能够掌握更多数字化知识和技能。四是对师资队伍建设有新要求，培养目标设定、专业课程设置以及教学手段的演变最终都离不开专业的教师团队，数字经济导致财税专业将不同学科不同数字技术融入人才培养中，这就要求教师具备多学科知识背景和掌握具体的数字技术，对师资队伍提出了新的要求。

7.3 数字经济时代财税专业人才培养面临的挑战

财税学类本科专业在我国的办学历史较为悠久，包括财政和税收两个专业，目前一共有123所院校开设了财政学或税收学专业，既有综合性院校也有财经类院校。从财政学专业人才培养目标定位来看，大体分为应用型、研究型、复合型和创新型四种，不同学校根据自身特点和优势，选择了不同的培养目标。但应用型是所有设有财税专业高校的共同培养目标，只是不同高校还兼顾其他培养目标，如“985”或“211”高校在注重应用型培养目标基础上，更加重视研究型和创新型财税人才的培养。近年来，随着数字经济的快速发展，人工智能、大数据、物联网、区块链等数字技术在企业和财税部门中的应用不断推进，在数字经济发展对传统财税专业人才培养冲击下，部分高校特别是重点高校和财经院校，纷纷尝试进行财税专业数字化转型，对专业设置和培养目标进行了改革，如中国人民大学财政金融学院、中央财经大学等都设置了数字财税相关专业。可见，数字经济对财税专业人才培养模式和目标带来了巨大挑战，各高校在数字经济时代需要对专业设置和人才培养目标进行深入研究，并结合数字经济发展对财税人才需求的变化进行不断改进探索，才能真正培养适应数字经济的财税专业人才。

高校人才的培养需要较为系统和完善的课程体系，财税专业属于应用经济学一级学科下的二级学科，根据财税专业人才培养目标，传统财税专业课程设置主要以经济类专业知识为基础的课程，包括专业基础课和专业课。目前全国各高校财税专业基础理论课程主要包括宏观经济学、微观经济学、政治经济学、计量经济学、统计学、国际经济学、金融学等，财税专业课程主要包括财政学、中国税制、国际税收、政府预算、税收筹划、国有资产管理、公债经济学等，其他还涉及一些选修课程，如社会保障学、会计学、资产评估等。可以发现，传统财税专业课程设置中，很少涉及跨学科课程，更没有与数字技术相关的课程，在新文科背景下，近年来，各高校都在不断探索如何实现文科和自然科学相融合的课程的设置，但目前还鲜有高校将财税专业与数字技术进行深入融合的课程设置。数字经济时代财税专业人才需要具备数字技术的应用能力，数字经济对财税专业课程体系有更高的要求，如何将数字技术融入具体课程中，如何将数字技术与专业知识相融合，需要各高校财税专业进行课程体系的变革。可见，数字经济时代财税专业课程体系建设面临着较大的挑战。

财税专业是应用型非常强的专业，人才培养过程中仅通过课程学习远远不够，还需要进行实验实践教学，才能更好地培养应用型综合性财税人才。在传统财税专业人才培养过程中，各高校主要有实践教学、实验教学和实习基地三种形式。实践教学是最基本的形式，基本上所有高校财税专业都有实践教学环节，实践教学环节种类也较为丰富，包括社会实践、课程实验、集中实训、毕业实习等。许多高校根据自身条件进行了财税专业实验室建设，有调查发现，平均每所高校财税专业建设实验室 1.06 个，实验室建设为实验教学提供了硬件和软件平台，可以提升学生实践动手能力。实习基地则是让学生“走出去”，对培养学生适应性具有重要意义，调查发现，各高校财税专业都建立了不同数量的实习基地，平均每所高校财税专业实习基地有 8 个。尽管传统财税专业人才培养注重实验实践教学，但数字经济时代要求培养智慧型财税人才，智能化在财税人才培养过程中具有重要地位，如何构建能够融入新技术的平台，在实验实践中不断提升财税专业人才掌握和运用数字技术能力，需要深入探索。数字经济时代对财税人才培养中实验实践教学及平台建设带来巨大挑战。

人才培养离不开专业政治素养高、职业道德好以及专业素质过硬的教师队伍，从各高校财税专业师资水平来看，很多高校已经达到或超过教育部本科教育评估标准，师资水平较高。各高校财税专业具有博士学位的教师和获得高级职称的教师比例较高，具有较好的专业背景和学历，专业素质较高。但我们也发现，财税专业教师基本都是财税或经济类专业背景，跨学科跨专业教师较少，掌握新技术的跨学科教师更是少之又少。数字经济时代财税专业人才需要具备过硬的专业知识，同时更要掌握数字技术，这就需要跨专业跨学科的复合型师资力量，对于大多具有博士学位的专业教师来说，需要进行跨学科学习和转型，这也是数字经济给财税专业教师带来的巨大挑战。

可见，数字经济时代财税专业人才培养是一个系统工程，需要从人才培养目标、专业课程体系建设、实验实践平台搭建、师资队伍建设等多方面予以改革来保障。但传统财税专业人才培养过程各环节都较为单一，无法适应数字经济时代智慧财税人才培养的要求，数字经济时代财税人才培养面临巨大挑战。

7.4 数字经济时代财税专业人才培养的路径

从工业经济向数字经济转型是不可逆转的大趋势，随着数字经济蓬勃发展，大数据、云计算、区块链等数字技术应用会越来越广泛，人工智能也逐渐推动着各行各业发生技术变革，财税领域也必然面临数字化转型。从实践来看，数字技术已经在财税领域得到大量应用，如区块链发票、“互联网+税收征管”等，财税专业人才培养也需要进行数字化转型。可见，数字经济时代财税专业人才培养发展趋势就是培养智慧型财税人才，财税专业需要进行数字化转型。具体而言，数字经济时代培养智慧型财税人才，需要对财税专业进行系统变革，主要从人才培养目标和培养模式、人才培养机制（包括课程体系、教学方式与实践形式等）、师资队伍建设等方面开展。

一是数字经济时代财税专业数字化转型中人才培养目标的转换。教育部财政学专业教学指导委员会制定的《财政学类专业教学质量国家标准》（以下简称《国家标准》），是对财政学、税收学等专业的人才培养目标的总体规划，其依据财政学类专业的特性将培养目标设定为“应用型、复合型、创新创业型人才”，且各高校应根据自身办学条件和目标定位选定人才培养类型。数字经济时代需要培养既有扎实专业基础知识功底又能熟练掌握数字技术应用的智慧型财税人才，数字经济时代的财税专业也将进行数字化转型。因此，数字经济时代财税专业人才培养目标在专业数字化转型基础上需要进行培养目标的转换，在培养目标中更加注重新技术的应用能力，注重数字技术、人工智能、大数据等新趋势与财税人才培养的顶层设计相结合，将跨学科课程和实践融入财税学科人才培养中来，培养掌握财税专业理论知识和业务技能，同时又熟练掌握“互联网+”、大数据、区块链等前沿技术的复合型财经人才。结合财税学科人才培养的目标导向，剖析数字化应用场景的内容体系，梳理成以“基本数字化技能训练、专业素养训练和综合创新训练”为主要内容的三大任务，将以“三大任务”为主要内容的第二课堂融入财税人才培养的第一课堂，强化二者的衔接，分层有序推进实施。另外，党的十八届三中全会将财政定位为“国家治理的基础和重要支柱”，财政税收是连接宏观和微观主体的桥梁，财税人才培养不能仅仅局限于实务型人员的教育，在人才培养目标中还应注重对财税人才政治素养、社会责任以及国家视野的培养。

二是构建数字化引领的财税专业人才培养机制。首先，根据数字经济时代财税专业人才培养以“基本数字化技能训练、专业素养训练和综合创新训练”为主要内容的三大任务，在注重培养学生对新技术基本知识和应用工具的兴趣的基础上，进行专业素养的训练，培养学生适应人工智能时代对于新工作岗位的技能需求，再通过创新训练提升财税专业学生在数字经济下分析问题和解决问题的综合能力。其次，构建涵盖专业课程体系、数字化教学方式与实验实践教学的人才培养机制。在专业课程设置中，根据新文科建设理念，加强跨学科融合，将信息技术、人工智能、机器学习等内容融入财政税收的理论创新与教学实践，在培养方案中分阶段引入大数据、Python、AI、机器学习等课程，条件允许的情况下，通过校内外合作开发财税应用课程。在教学方式上注重数字化教学，突破传统教学方式，大力推进线上与线下相结合的教学模式，如翻转课堂、SPOC课堂等，更好地实现资源共享和线上互动，最大限度地调动学生学习的积极性和主动性。

在实验教学上，系统构筑校内实验教学平台，校内实验教学可以通过单项实验或者综合实验的方式进行展现。结合财政学专业的人才培养目标，应重视建立综合性、职业性的实验教学体系，如加强高等学校的虚拟仿真实验教学基地的建设，建设增强学生动手能力和创新能力的实验室。在实践教学上，加入业内和全球数字化生态，参与数字化应用创新，提升数字化能力。

三是财税专业数字化转型中师资队伍建设与教师角色转换。首先，根据新文科建设要求并结合财税专业数字化转型过程中对教师职业技能的新要求，通过专业培训和学习等方式，不断提升财税专业教师跨学科的复合能力。一方面，鼓励现有教师与不同学科教师之间的交流学习，熟练掌握和运用“互联网+”、大数据、区块链等数字技术。另一方面，需要引进具有一定数字技术专业背景的专业人才充实现有财税专业教师队伍，形成多学科相融合的师资队伍。其次，教师在专业人才培养过程中需要进行角色转换。一方面，在数字经济大环境下，教师教学不应拘泥于实体课程，应当充分运用各类电子资源和教学平台，及时掌握最新信息和技术，增加课程的丰富度；另一方面，教师在教学过程中，应根据学生特点有针对性地制定个性化教学内容，充分挖掘学生各方面综合潜能。

参考文献

[1] 中国税收教育研究会．中国税收教育研究(2020)[M]．北京:中国税务出版社,2020.

[2] 马海涛．中国税务教育发展报告(2019—2020)[M]．北京:中国财政经济出版社,2020.

[3] 李小珍．一流本科教育背景下地方性院校财政学专业课程群优化研究[J]．黑龙江教育(理论与实践),2020(5):59-62.

[4] 马海涛．新文科背景下文理贯通的财税人才培养实践及其思考——以中央财经大学财税学科为例[J]．新文科理论与实践,2022(2):96-104,127-128.

[5] 张锦华,郑春荣．我国财政学类本科专业建设状况分析报告——基

于56个专业点的问卷调查[J]. 中国大学教育,2014(7):26-31.

[6] 朱军. 适应高质量发展需求的财税高端人才培养模式改革研究[J]. 南昌师范学院学报,2021(4):132-136.

[7] 谢晖颖. 智能财税课程改革探讨[J]. 吕梁教育学院学报,2020(9):138-139.

8 金融专业大类招生及人才培养模式研究

杨海燕[①]

摘要：“大类招生，分流培养”目前已成为我国高校招生的主流方式。本文首先对“大类模式”改革的主要内容及实践框架进行回顾，就如何提升金融大类招生对学生成长的激励效应、如何克服大类分流面临的困境、如何建设专业导论课，引导学生进行理性的专业选择等在大类招生中遇到的普遍或个性化问题进行了讨论，并提出相关建议：一是强化通识教育影响，调整培养方案，增加专业通识课程比重，构建“厚基础”；二是增加专业导论课比重，加强专业分流辅导，引导学生合理选择专业，提高学生兴趣与专业的匹配度；三是提高专业分流制度弹性，改革一次性分流，建立“引入与退出”机制；四是创新教育教学体系，改革教育教学方法，因材施教，尊重学生个性发展。

关键词：大类招生；专业分流；人才培养模式

8.1 引言

专业口径过窄、过分关注某一专业领域的知识和技能培养、忽视学生综合素质和创新能力发展，一直是我国高等学校专业教育中存在的主要问题。20 世纪 80 年代，我国的一些研究型大学开始尝试进行“厚基础、宽口径”专业教育模式（大类培养模式）改革。这一模式最初主要是面向小规模学生、依托实验班的招生改革试点。到 21 世纪初，“大类模式”培养改革的热潮掀起，目前已成为我国高校招生的主流方式。

---

① 杨海燕，西南民族大学经济学院副教授。项目来源：本文为 2021 年度西南民族大学教育教学研究与改革项目“金融专业大类招生及人才培养模式研究”研究成果。

相对于按专业招生，“大类招生，分流培养”是高校实行“通才教育”的一种改革。这一模式将淡化专业概念、实现高校专业的逐步调整，在学生选择空间、兴趣与创新能力培养、学科知识素养提升及学生个性发展方面有明显优势，符合当前学科交叉、专业界限淡化的高等教育发展趋势。

作为一种新型的本科招生制度和人才培养模式，“大类招生，分流培养”模式也受到冷热门专业冲击、必修和选修课程设置不合理、分流制度设计及操作方法不科学等问题困扰。另外，因触及人才培养理念、课程教学改革、资源配置和组织方式改革等很多专业教育模式的深层问题，在实际推行中也存在新旧制度、观念、教育模式的冲突。目前，“大类招生，分流培养”改革尚存争议，正处在教育教学和人才培养模式改革的探索和推广阶段。

经济学院自2019年开始，将金融学、投资学、金融工程学、保险学四个专业合并为金融大类招生。经过两年多的实践，经济学院在专业设置、专业分流时点、专业分流策略、班级管理等方面进行了人才培养模式改革探索，在构建学生知识、能力、素质结构等人才培养模式上做了重大调整。这种调整总体上适应培养复合型人才、整合教学资源和促进高校内涵式发展的高等教育高质量发展趋势，也适应新文科建设的总体思路。但“大类招生，分流培养”也对原有的分专业招生模式下的人才培养理念和模式提出新的要求，需要我们深入思考并进行创新性探索。

8.2 文献综述

8.2.1 研究动态

“大类招生，分流培养”目前已成为热点问题之一。以中国知网为搜索源，以“大类招生和培养”与“专业选择”或“专业分流”为检索词，发现2010—2022年共有2000多篇文献，研究热度居高不下。

赵婷婷和秦已媛（2021）[①] 通过研究我国研究型大学大类模式改革指出，受高校发展定位、办学传统、学科专业结构、学校规模等多方面因素

---

① 赵婷婷，秦已媛．大类模式：我国研究型大学本土专业教育模式改革探索[J]．苏州大学学报，2021(1)：9－18.

的影响，各高校在大类模式的具体做法上存在较大的差异，大类模式改革实践是十分复杂的。关于“大类招生，分流培养”的研究文献也因此具有更广泛的议题，但聚焦的内容主要包括人才培养模式、专业分流制度设计、专业分流的影响等。

关于人才培养模式的研究，主要包括：人才培养方案的重新修订及课程体系建设（赵菊梅，2020①；吴勋、聂亦慧，2019②）、通识教育课程与专业培养课程在课程体系中的关系（吴春岩，2020；陆一、杨曈，2020③）、混合式教学手段运用（孙振虎、赵甜，2021）等。这一领域的研究比较零散，大多是结合具体的学科以及课程改革实践进行的经验总结，基本结论包括：大类培养模式需要对专业培养模式下的课程体系进行改革，以专业课程为核心，加强通识教育。在教学方式上运用新技术推进慕课、翻转课堂、线上会议，融入信息技术等。

比较而言，专业选择与分流制度的研究文献最为丰富，涉及分流主体、分流对象、分流依据、分流时间以及分流程序等内容，主要以“211”“985”高校的相关实践为依据。其中，专业分流选拔制度优劣的研究，成为学者们关注的重点内容，主要集中于对比“成绩优先”和“志愿优先”两种原则下的专业分流实施细则（孔庆聪，2014④）。此外，樊崇艺、李清勇、王志海、李斌、时晓艳（2019），陈江义、方东阳（2021）⑤ 等探讨了“大类招生，分流培养”的专业设置、专业分流节点、专业分流策略、班级管理等广泛问题；任喜伟、马令坤、宋安玲（2018）研究了专业分流的信息化改革问题，认为高校专业大类分流过程信息化改革能够提升高校专业大类分流工作效率。关于分流中的专业选择问题，郇秀红（2016）研究了

---

① 赵菊梅．传统与变革：我国本科院校大类招生培养模式与分类体系[J]．现代教育管理，2020(8)：43－52.

② 吴勋，聂亦慧．对高等教育大类招生培养模式的思考——以“双一流”建设高校为例[J]．教育探索，2019(5)：50－54.

③ 陆一，杨曈．高教大众化视野下中国大学通识教育发展的理论分析[J]．清华大学教育研究，2020，41(4)：36－46，67.

④ 孔庆聪．我国本科高校大类招生背景下的专业分流制度研究：兼与美国四所高校专业分流制度的比较[D]．武汉：华中师范大学，2014.

⑤ 陈江义，方东阳．大类招生下实施专业分流的几点思考[J]．河南教育，2021(4)：3－4.

三所“985”工程高校专业分流后发现，目前在专业选择中主要存在着专业“冷热”不均、教学资源制约等问题。李查（2021）研究认为，大类培养模式下学生对自己有了更加深入的了解，专业选择更加理性。但也有学者发现大类培养模式下学生专业选择存在“盲目跟风、专业分流不平衡”等问题（吴勋、聂亦慧，2019）[①]。结论的差异主要来自各高校将专业选择权交给学生时，对学生选择专业的引导是否充足，学生对分流专业是否有足够的了解。

关于专业分流影响的研究，主要涉及两大方向：一是专业分流对专业建设以及本科教学的影响。杜洋、童玲欣、曹庆华、王晓飞（2021）研究了“大类招生，分流培养”模式下教学运行管理与实践问题，认为这一过程变得更复杂，需要更科学的调整。高小龙、刘铁雄（2020）认为，专业选择促使了各专业对本科教学的重视，专业间的生源竞争使其在如何吸引学生上下功夫，更加重视本科教学和内涵发展，高校专业布局得到了优化。二是专业分流对学生的影响，大多以实地问卷调查、访谈为依据。熊晓莉、李仁炳、李宁（2018）[②] 围绕专业分流前的专业教育、分流后学生学习生活变化等问题进行了问卷调查，认为，专业分流前的专业教育非常必要，分流后少数学生不能积极面对分流结果，故分流后的管理不容忽视。刘菊（2018）研究认为，分流中高校学风建设需要做好宣传引领工作，营造浓厚舆论氛围，加强职业生涯规划，适应社会需要。

8.2.2 文献评述

第一，虽然目前有不少民族高校相继实施大类招生培养模式，但对这一问题的理论探讨主要集中在“985”“211”高校。某些学者甚至将“大类招生，分流培养”界定为研究型大学的改革，认为应用型高校不应盲目分流。但“大类模式”通过赋予学生再次选择专业的权力，“从制度上保障大学生的学习自主权、学习内容的选择权”这一改革目标得到普遍认可。

---

① 吴勋，聂亦慧．对高等教育大类招生培养模式的思考——以“双一流”建设高校为例[J]．教育探索，2019(5):50-54.

② 熊晓莉，李仁炳，李宁．本科大类招生培养模式调查与分析[J]．教育发展纵横，2018(7):209-210.

同时，“大类招生，分流培养”避免了专业培养模式造成的知识面过窄、发展后劲不足的情况，有助于培养学科基础扎实、专业知识精通的高素质复合型人才，更加适合我国社会主义市场经济发展需要。因此，应用型高校或者学科仍然需要加强大类培养。

第二，现有研究中个性化研究较多，关注各高校的专业选择制度和具体做法，一定程度上降低了对改进大类模式下人才培养的普遍的启发和借鉴作用。

第三，作为民族类高校的应用型专业，经济学院金融学专业大类招生培养模式如何加强自己的特质，如何提升大类招生对专业建设、对学生成长的激励效应，如何克服大类招生面临的问题，如何建设专业导论课，引导学生进行理性的专业选择等在大类招生中遇到的普遍或个性化问题也亟须解决。

8.3 金融专业大类模式改革的主要内容、实践框架和问题

8.3.1 金融专业大类模式改革的主要内容及实践框架

西南民族大学金融大类模式改革实践主要包括以下内容：

第一，大类专业招生。一般以“合并现有专业，以更宽口径专业”（或专业类）进行招生，如把自然科学和社会科学囊括在一起的大类模式，或者分为自然科学和社会科学两大类的大类模式，或者把自然科学或社会科学中的某些学科专业进行交叉合并重组进行分类的大类模式，或者按一个学科或专业进行分类招生的大类模式。经济学院金融专业招生采取专业类招生的大类模式，把金融学、投资学、金融工程学、保险学等专业合并为金融大类进行招生。

第二，大类培养如何转入专业培养。金融专业以大类专业招生后，在学生入学的第一、第二学期以大类专业进行培养，在第四学期通过学生再次选择专业转入专业教育，大类培养过渡到专业教育阶段。

第三，大类培养的课程设置。在大类培养阶段，一般实施通识教育和基础学科教育。金融类通识教育平台提供人文科学课程、自然科学课程、美学与艺术课程选修，以及政治、心理、计算机、英语、创业基础课等必修课程，通识选修课6学分，占总学分的3.76%，必修课42学分，占总学

分的26.33%。大类学科基础平台提供数学、经济学、统计学、会计学等基础课和专业基础课，大类（学科）基础必修课15学分，占总学分的9.4%。专业平台课程：专业必修课51学分，占总学分的31.97%；专业选修课24学分，占总学分的15.04%。从第四学期开始，分别按照金融学、投资学、金融工程学等三个专业分开授课，主要开设相关专业课程，对学生进行专业培养。

第四，大类培养阶段实施机构。因为学校大类培养采取院内大类招生模式，专业口径变化小，所覆盖的学生少，现有人才培养机构和组织所要做出的改变也小，故没有成立新的实施大类培养的机构。

普遍的大类模式改革实践框架见图8-1。

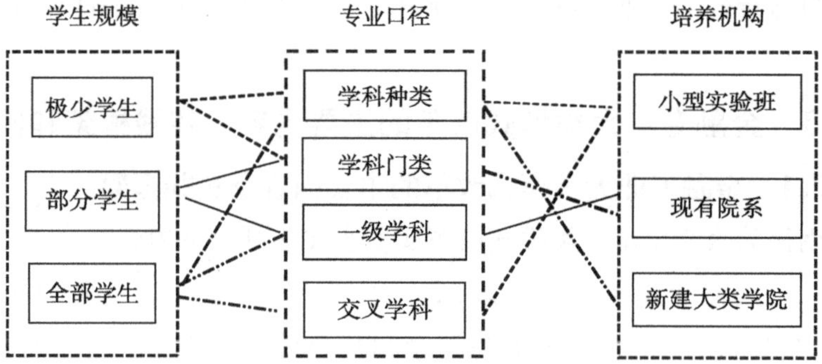

图8-1　大类模式改革实践框架

8.3.2　主要问题

第一，在分流政策设计方面，对学生的自主选择和专业特长重视不够。

专业分流旨在因材施教、促进学生个性发展，突出学生的兴趣和专长。按照国内其他高校惯例，本校及本院专业分流政策一般以学生“志愿+考试成绩”为主，学生个性化特质如创新能力、特长等没有纳入分流考核。学生志愿虽然可以在一定程度上体现学生的兴趣甚至专长，但由于学生对专业分流信息掌握不全面，信息来源不客观，很多学生对自己的兴趣爱好、特长也没有足够的认识，专业选择处于被动地位，从众现象较为明显。专业分流没有起到筛选有职业志向、特长、兴趣爱好的学生的功能，也就自然谈不上因材施教。

第二，专业分流困境。

专业分流是大类培养实施工作的重点和难点，从目前各高校的实践经验看，专业分流中存在的问题较多。经过学生访谈调研，发现学院金融类分流主要存在以下两类问题：

一是专业选择引导效果不佳，学生专业选择盲目。一方面，学校将专业选择权交给学生，但另一方面对学生专业选择的引导不充分。据了解，学生对即将选择的专业缺乏足够的了解，仅凭到处听闻的就业信息、毕业生薪资、家长意见，或者直接跟风就填报志愿。另外，职业规划课程没有起到应有的引导作用，学生缺乏对自身优势、兴趣、职业发展规划的理性分析，志愿填报具有盲目性。

二是分流制度弹性不足。在分流策略上，高校一般以“成绩＋志愿”或者“志愿＋成绩”进行分流。这两种方式均受到了一些质疑。以成绩为第一分流指标时，会产生为专业选择竞争而导致的只重学业成绩，忽视课外素质培养的状况，从而违背了大类培养模式的宗旨；以志愿为分流指标时，会导致冷门专业无人问津。但大多数高校并没有放弃以学生在校学业成绩或者参考高考成绩加权为重要的录取指标。我们认为，以成绩作为专业选择的激励，虽为次优，但合理公平，能够改善大学低年级的教学秩序和学习风气，改变以往大学生进校后迷茫和松懈的状态。

目前，金融类专业分流采用“志愿优先，兼顾成绩”的办法，不失为折中的方法。与其他大多数高校一样，基于各种考虑，我们采取一次分流的措施，即分流后不再对分流结果进行调整，整体分流制度显得刚性、弹性不足。我们发现，分流到“冷门专业”的某些学生学习积极性不高；分流到“热门专业”的少部分学生学习积极性也不高，他们缺乏对所学专业的认识和理解，盲目从众选择，进入专业学习阶段后，因为缺乏真正的兴趣或者自身学业基础薄弱，学习态度消极，学习效果较差。

第三，通识课程设置问题。

大类培养模式下，通识教育承担的基本功能包括：一是培养学生综合素质，促进学生全面发展；二是为即将开始的专业教育构建“宽基础”，通过广泛的学习，开阔视野、夯实知识基础。通识课程体系应包括：综合类素质提升课程（以各学科优势力量培养学生通识素养，如训练各学科思维方式和核心逻辑）、通识性较强的学科基础课（给予学生足够的时间了解相关专业之间的联系和差异，为未来的专业教育打下扎实的基础）。

基于通识课程承担的重要功能，应扭转通识课程非核心的固有印象，同时增加通识学科基础课程比重，让学生在通识教育阶段培养专业素养，使学生站在更高的视野看待专业选择。

8.4 金融专业大类招生改革深入的具体操作建议

8.4.1 调整培养方案，增加专业通识课程比重

“大类招生，分流培养”涉及人才培养模式改革，不是简单地将几个相近的专业合并，也不是仅仅将相近专业分流前的课程统一。所谓的大类培养的“宽口径”，是要夯实专业培养的基础。这需要合理调整大类培养方案，改善通识教育被轻视或被忽略的不良倾向，尤其是增加专业通识类课程比重，要涵盖各分流专业的基础课程。

目前，通识教育平台课程设置中，与学科基础、专业相关的通识类课程分布在通识选修课程板块，人文社科、自然科学板块及艺术板块课程仅安排 2 个学分，占通识教育板块 41 学分的比重仅为 4.8%。专业通识课程比重过低，需要增加专业通识类课程的比重，促进学生了解不同学科领域知识，让学生对即将分流的专业课程有较为全面的了解，降低专业选择的盲目性。

8.4.2 增加专业导论课比重

在大类招生背景下，成功的专业导论课有利于引导学生进行理性的专业选择。专业导论课是新生入学的专业入门课，引导学生了解本专业核心概念、理论框架、学习方法，了解专业发展历史、发展趋势、前沿课题、就业前景等，激发学生对专业的兴趣，为深入专业学习奠定基础。课程要通过对学生介绍本专业培养目标、专业特色、课程设置、实践环节等内容，让学生明确专业学习进程。专业导论课在引导学生课程选择、选方向，选择与自身契合的专业，实施因材施教等方面具有重要意义。

“大类招生的一个重要意义是留给学生一个相对充裕的时间去认清自己的专业偏好，从而确保其专业选择更具理性。”增加专业导论课比重，是帮

助学生理性选择的有效方法。

建议：专业导论课程，可以安排在不同的学期，在第一学期以认知实习方式展开，在第二、第三学期由不同专业的负责人（或知名教授）授课，增加专业导论课比重、丰富讲解内容，配以专业讲座（本专业优秀教师或者从事专业相关工作的毕业生等）、专业实践等多种方式，为学生提供了解本专业的平台，提高学生对专业的认知，避免专业选择盲目。

8.4.3　加强专业分流辅导

专业分流辅导不仅能起到帮助学生理性选择专业的作用，还可以引导学生未来积极学习专业知识，使他们能够尽快适应新专业的学习。

刚步入大学的学生尚未适应大学生活，普遍缺乏理性的自我认知，对专业认识不足，对职业方向缺乏规划，很多人都持一种“随大流”“走一步看一步”的态度，专业分流选择随意。为帮助学生全面了解分流工作，建议：在填报专业志愿的前一个学期，成立临时的短期专业分流引导小组，或者开设专业分流引导室，对不同的学生提供一对一的专业选择解答，同时有针对性地举办一系列专业讲座。

另外，明确“专业导论”课程与“职业生涯与发展规划”课程各自的作用和教学分工，使两门课程的教学能够有机衔接。通过职业生涯与发展规划课程统筹安排职业能力测评、性格测评、心理咨询等活动，引导学生根据自己的兴趣、职业能力和职业发展意向合理选择专业，提高学生兴趣与专业的匹配度。

8.4.4　提高专业分流制度弹性

建议：改革一次性分流，建立“引入与退出”机制；改革和完善学校范围内、大类范围内的转专业制度，提供更多的专业选择机会。分流后未进入自己理想专业的学生，可依据成绩申请转入；而进入某些专业学习，因缺乏兴趣或者基础太差无法很好跟进学习进度的同学，允许其转至其他更合适的专业学习。

另外，关于分流时筛选依据的成绩，可以设置多角度考评指标，例如将学业成绩、高考成绩、创新创业参与、课题研究参与等进行加权，目的是筛选出真正有兴趣深入专业学习的同学。对某些专业，如金融学专业，基于数学基础对专业课程学习的重要性，也可以将数学成绩设置更高的权重。

专业分流应该保持学业成绩筛选制度，以保证后续专业课程学习的顺利进行，也保证学生能够顺利完成学业。很多知名大学也将前期课程成绩作为升入后期课程的硬性指标。

8.4.5 因材施教，尊重学生个性发展

在整个教育教学过程中，既要关注学生的知识获取，又要关注学生的个性发展，充分发挥学生的个体优势，培养学生独立自主的个性。

培养个性化创新型人才需要创新教育教学，需要改革教育教学方法。摒弃填鸭式的教学方法，倡导启发式、讨论式、指导性的教学方法，运用演绎和归纳相结合的教学方法，激发学生的思考能力、提出问题的能力和解决问题的能力，鼓励学生创新，勇于发表不同的想法。课堂教学更多使用翻转课堂等模式，促进课堂讨论，拓宽学生视野，激发学生主动性、创造性，进行主动学习与探索。

在课程进程中交替使用不同的学习模式，并使学生能清楚地了解从一种模式到另一种模式的过渡。一种选择是确定课程大纲或课程计划的模式，课程的第一部分主要是概念，课程的第二部分主要是概念和技能的应用。另一种选择是将每节课都规划为"学习片段"。例如，第一节课是讲授，第二节课是让学生练习技能等训练体验，第三节课侧重学生经验汇报，第四节课总结问题。以学生为中心，以教师为主体，注重塑造学生创新精神。

科学制定大类招生后的培养方案，合理调整培养方向，探索"小班化""精英式""实用型"等更有利于个性化高素质人才培养的新模式。

参考文献

[1] Dianwei Qi , Shili Yu . Research on Revision of Training Program of the Economics and Management Specialties Based on the Training Mode [J]. International Journal of Higher Education,2013,2(3):62－68.

[2] 国务院关于印发统筹推进世界一流大学和一流学科建设总体方案的通知 [EB/OL]. (2017－09－01)[2021－01－25]. https://baike. baidu. com/item.

[3] 赵婷婷,秦己媛. 大类模式：我国研究型大学本土专业教育模式改

革探索[J]. 苏州大学学报,2021(1):9 -18.

[4] 任云生,丁清峰,金锦花,等."双一流"建设和"大类招生"背景下吉林大学地质类本科人才培养的改革探索[J]. 中国地质教育,2018(4):9 -11.

[5] 马杰,刘璐. 大类培养模式下学生专业分流的现状与对策——以东华理工大学工商管理类学生为例[J]. 教育探索,2020(4):39 -40.

[6] 任丙强,贾若帆. 大类招生模式下学生专业选择的影响因素——以北京航空航天大学文科学生为对象[J]. 北京航空航天大学学报(社会科学版), 2019 , 32 (2):158 -162.

[7] 赵菊梅. 传统与变革:我国本科院校大类招生培养模式与分类体系[J]. 现代教育管理,2020(8):43 -52.

[8] 陆一,杨曈. 高教大众化视野下中国大学通识教育发展的理论分析[J]. 清华大学教育研究,2020,41(4):36 -46,67.

[9] 中共中央、国务院印发《中国教育现代化2035》[EB/OL]. (2019 -02 -23) [2021 -01 -25]. http://www. moe. gov. cn/jyb_xwfb/s6052 /moe_838 /201902/t20190223 _370857. html.

[10] 中共中央、国务院印发《深化新时代教育评价改革总体方案》[EB/OL]. (2020 -10 -13)[2021 -01 -25]. http://www. gov. cn/zhengce/2020 -10/13/html.

[11] 李查. 大类招生培养内涵、现实困境与路径探析[J]. 教育教学论坛,2021 (22):9 -12.

[12] 陈江义, 方东阳. 大类招生下实施专业分流的几点思考[J]. 河南教育,2021(4): 3 -4.

[13] 孔庆聪. 我国本科高校大类招生背景下的专业分流制度研究:兼与美国四所高校专业分流制度的比较[D]. 武汉:华中师范大学,2014.

[14] 吴勋,聂亦慧. 对高等教育大类招生培养模式的思考——以"双一流"建设高校为例[J]. 教育探索,2019(5):50 -54.

[15] 杨光,孟琳,李凤日,等. 基于大类招生背景下的专业导论课程探索 [J]. 智库理论,2019(3):197 -198.

[16] 田明华,高薇洋,胡明形,等. 经济管理大类招生专业分流及后续工作的探讨——基于北京林业大学大类招生新生专业意愿的问卷调查[J]. 中国林业教育,2018(5):1-6.

[17] 满都拉,卢晓东. 通识教育背景下的大类招生与专业分流——以东京大学为例[J]. 高校教育管理,2018(5):21-26.

[18] 熊晓莉,李仁炳,李宁. 本科大类招生培养模式调查与分析[J]. 教育发展纵横,2018(7):209-210.

第3篇

课程规划篇

9 “一带一路”背景下民族高校经济类外专课程与创新创业教育融合发展路径探索

高 锦 涂裕春[①]

摘要：在“一带一路”倡议推进我国对外开放的新形势下，陆海新通道建设将为民族地区带来区域发展新机遇，也对民族院校高等教育的发展提出了更高的要求，使得国际化人才和创新创业人才的培养备受关注。本文在我校开设经济类外国专家短期课程的实践基础上，创新性地将国际化教育和创新创业教育结合起来，为民族院校大学生的培养探索出一条有益的路径。

关键词：“一带一路”；高校教育；创新创业；外国专家课程；国际化

9.1 引言

“一带一路”是我国新一轮对外开放的重点方向，陆海新通道建设将为民族地区带来区域发展新机遇，也对民族高校高等教育国际化与创新创业教育提出了新的要求。2016 年 9 月 27 日，在中央政治局学习会上，习近平总书记强调：参与全球治理需要一大批熟悉党和国家方针政策、了解我国国情、具有全球视野、熟练运用外语、通晓国际规则、精通国际谈判的专业人才。这需要我们在高校人才培养中，将专业教育、国际化教育与创新创业教育深度融合。在这一思路下，2017 年至今，我们尝试通过国家外专局的外国文教专家项目，设置“一带一路”相关课程，与外国专家在教学与科研方面展开合作，融合经济类专业教学、英语教学和创新创业教育，

---

① 高锦，女，博士，西南民族大学经济学院副教授。涂裕春，女，博士，西南民族大学经济学院教授。基金项目：2021 年“一带一路”创新人才交流外国专家项目“‘一带一路’背景下中欧数字经济与贸易创新对比与合作研究”阶段性成果。

力争培养符合新时代新要求的人才。

9.2 文献综述

关于“一带一路”与国际化人才培养。沈银珍（2016）① 认为，国际化人才应具备以下七种素质：国际化视野宽广、创新意识强烈；本专业的国际化知识掌握熟练；熟知国际惯例；跨文化沟通能力强；国际活动能力独立；运用、处理信息能力强；政治思想素质较高、心理素质健康，对于多元文化的接受能力较强，在做国际人的同时不至于丧失中华民族的人格和国格。

赵丽君（2018）② 认为，关于“一带一路”建设时期所归纳的国际人才特质，应在中国故事和中国智慧的基础上培养国际化人才，注重世界性眼光和历史性眼光的培养，精通外语，掌握专业，具有较强的跨文化沟通能力和国际化运作能力。

关于“一带一路”与创新创业教育。季庆辉等（2016）③ 认为，“一带一路”将使大学生的就业观念发生转变，就业选择地不再只局限于北京、上海、广州等大城市。随着共建境外合作园区，中国企业“走出去”，为大学生创造了大量的就业岗位，也为大学生创造了海外的创新创业市场。

阚阅和周谷平（2016）④ 认为，“一带一路”背景下，应构建学科交叉、多方向选择、校企共商的课程体系，构建“课程—平台—竞赛—项目—创业”五位一体的创新实践体系。

范新民和高志怀（2018）⑤ 认为，对于“一带一路”背景下的人才培养，高校创新创业教育模式匮乏，高校创新创业教育的课程设置有待改善，高校创新创业教育的师资有待加强。

---

① 沈银珍.“一带一路”背景下国际化人才培养探索[J]. 亚太教育，2016(34)：283.

② 赵丽君.“一带一路”背景下，国际化人才培养的知与行[N]. 光明网—《光明日报》，2018－07－01.

③ 季庆辉，薛宇，薛勇，等.“一带一路”倡议背景下黑龙江省地方综合性高校创新创业教育发展策略研究[J]. 经济研究导刊，2016(25)：132－134.

④ 阚阅，周谷平.“一带一路”背景下的结构改革与创新创业人才培养[J]. 教育研究，2016(10)：19－24.

⑤ 范新民，高志怀.“一带一路”倡议下跨界融合人才培养与创新创业教育路径[J]. 河北师范大学学报(教育科学版)，2018，20(2)：119－122.

现有文献都将“一带一路”背景下国际化人才培养和创新创业教育分开研究，而且理论研究居多。本文在具体实践过程中，创新性地将“一带一路”课程、国际化人才培养与创新创业教育结合起来，探索使三者融合发展的路径，为提升大学生的综合能力、打开新的就业空间提供实践基础。

9.3 外专课程与创新创业教育融合

2017年通过国家外专局的外国文教专家—学校特色聘专项目《“一带一路”背景下中哈欧合作途径探索及贸易发展研究》引入了哈萨克斯坦的外专来校，2019年通过《“一带一路”背景下中欧合作途径探索及贸易发展研究》引入英国和泰国大学的外专，2020年国家外专局高端外国专家引进计划《“一带一路”背景下中欧金融科技创新对比与合作研究》引入法国和卢森堡的外专，2021年“一带一路”创新人才交流外国专家项目《“一带一路”背景下中欧数字经济与贸易创新对比与合作研究》引入欧洲主要国家的外专，围绕这四个项目，设置了“一带一路”国别研究课程、国际贸易理论知识、发展经济学、英语学习与写作、创新创业思维等一系列课程，收到了良好的效果。

9.3.1 外国专家课程的构建

所邀请的外国专家均来自“一带一路”倡议的重要参与地区和国家，通过国家外专局批准，有着良好的学术背景和影响力，致力于推动所属国家参与“一带一路”建设，并与本院教师建立了良好的学术合作关系。外国专家对“一带一路”倡议在全球的发展有着深刻的理解，并切实地感受到与中国合作后当地的发展与变化。

9.3.2 课程内容设置

围绕专业知识，加入实际案例的分析，如哈萨克斯坦与中方合作的基础设施建设对当地贸易和经济发展的推动，哈萨克斯坦与中方在能源、金融、电商等领域开展的数字丝路合作，泰国与中方在澜沧江—湄公河次区域合作下的基础设施建设等，欧洲与中方在数字经济与贸易领域已经开展和未来可能开展的合作，使得学生们不仅对“一带一路”倡议有了理论认识，更对其实践有了深刻的感受，拓宽了他们的认知，发现了新的创新创业和就业就会。

9.3.3 国际化路径探索

对参加课程的821名同学做了问卷调查，参与问卷调查的主要是大三的同学（占总人数的76.47%），大二的同学占22.17%，大四的同学占1.36%，女生占比68.33%，高于男生的31.67%。

第一，关于学习和就业的情况。

根据问卷的统计数据，接近九成的同学做过个人职业生涯规划，认为有用的同学超过六成，但是对大学生活感到不充实或迷茫的同学也超过六成，对自己专业前景觉得良好和非常好的占到了四成以上，但是对未来就业有信心的仅占三成。图9－1显示，超过五成同学认为就业“形势严峻，就业难”，另有三成同学认为“虽然就业形势比较严峻，但通过努力可以找到工作”，这与图9－2中，有超过七成同学选择毕业后考研成正比。学生普遍认为就业形势严峻，研究生学历对就业有较大帮助，但据官方统计数据，2022年考研报考人数为457万人，比2020年报名人数增加21%，录取率由2020年的30%降至25%左右，意味着考研学生中有超七成未来还将面临找工作的问题。这些都显示高等教育应该不断提升学生的各方面素质和能力去适应新的变化，最重要的是拓宽学生的创新创业思路，为未来继续深造和就业创造更多机会。

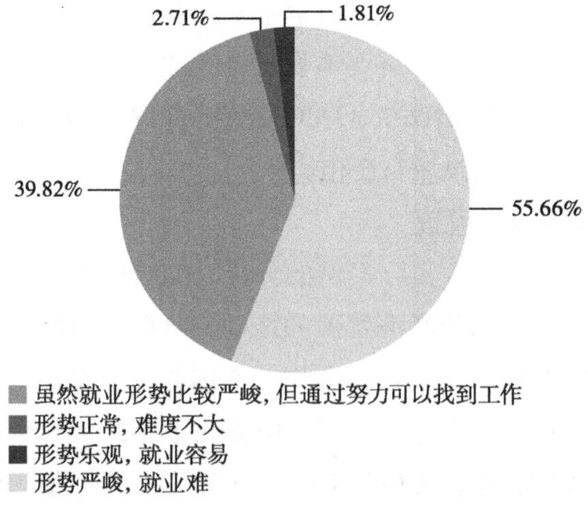

图9－1 您对当前就业形势的评价［单选题］

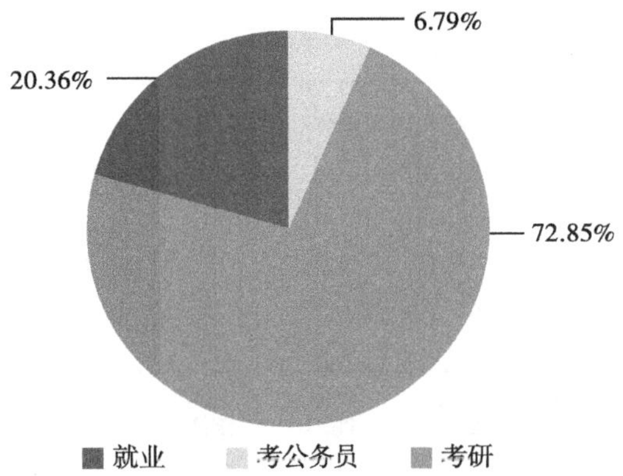

图 9 – 2　您毕业时选择就业、考研，还是考公务员［单选题］

第二，学生对课程的反馈。

被问及在“一带一路”倡议的背景下，就业率会不会提高，有超过五成同学认为有很大提高；有超过四成同学认为变化不大；有超过七成的同学会因为“一带一路”倡议调整自己的就业方向；有接近五成的同学认为“一带一路”对自己的就业有影响；有超过四成的同学对其影响未知；仅有一成同学认为没有影响。虽然参加问卷调查的同学中仅有4.07%是国贸专业的，但有超过七成的同学认为“一带一路”背景下，从事外贸工作更好。超过六成的同学认为相关政策可以促进就业，提供更多岗位。另外，同学们认为需要培养的能力如图 9 – 3 所示。图 9 – 4 显示，在外专课程中收获最大的是扩大了知识面，其次是增长了专业知识。图 9 – 5 显示，同学们最希望获得的是专业知识，其他依次是英语学习、学习方法、择业就业和创新创业。图 9 – 6 显示，学生对外专课程中关于“一带一路”的相关讲授印象最深刻。图 9 – 7 显示，外专课程在增强民族自豪感、学习了更多的专业知识、发现了更多的创新创业机会，以及理解了“一带一路”的推进情况方面都取得了良好的效果。

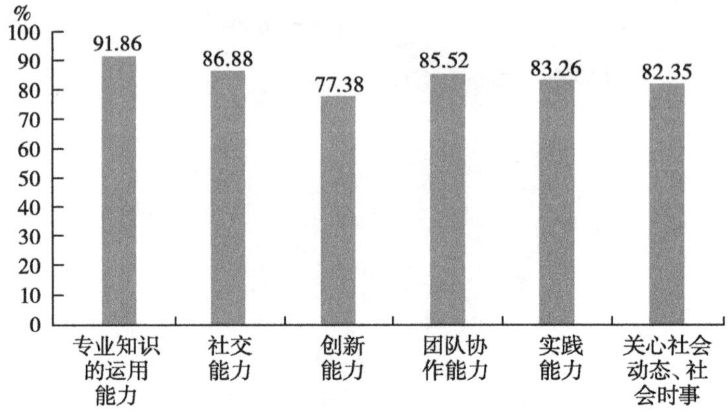

图9－3　对于"一带一路"倡议的实施，您认为大学生尤其是大学期间需要培养自己哪些素质［多选题］

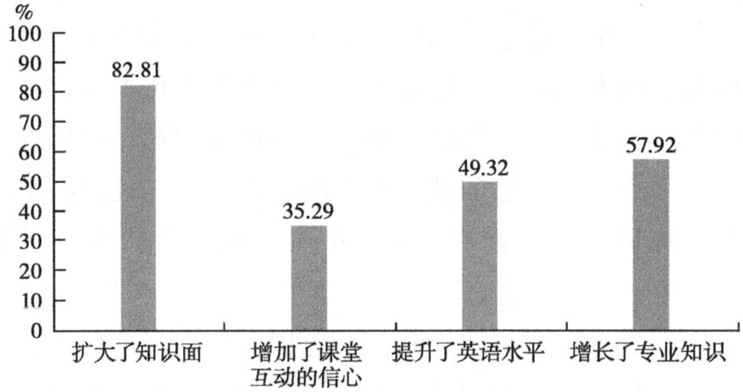

图9－4　您认为在外国专家的讲座和课程中有什么样的收获［多选题］

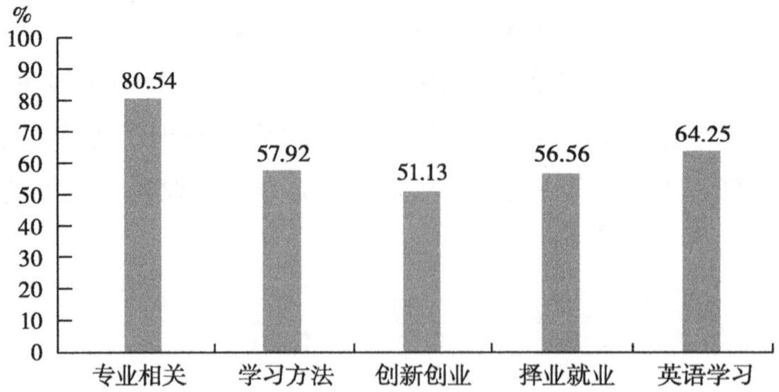

图9－5　您最希望从外专课堂上获得哪方面的知识［多选题］

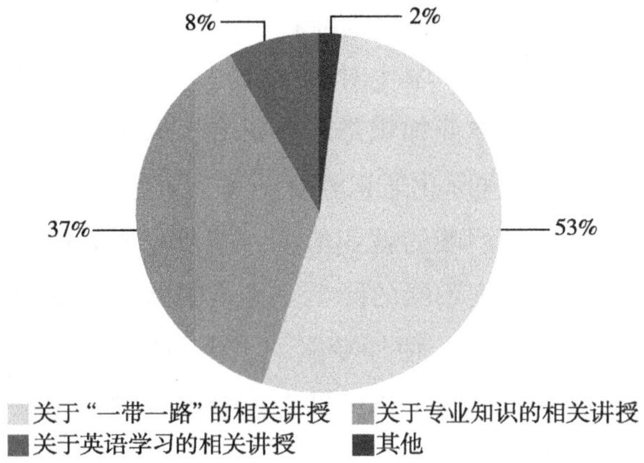

图 9－6 您认为在本学期的外专课程和讲座中，哪方面让您印象深刻［单选题］

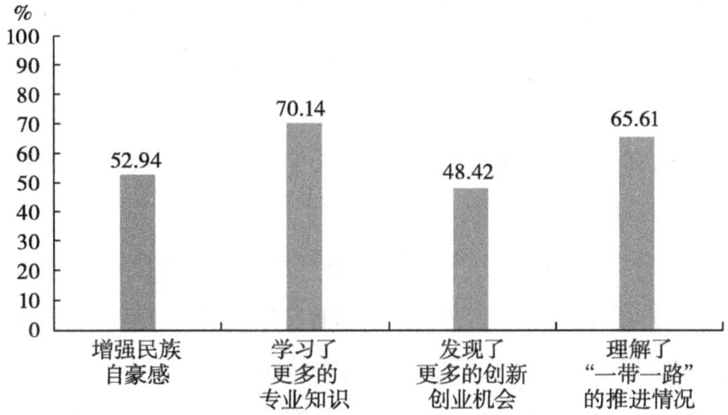

图 9－7 本学期外国专家关于“一带一路”的授课内容从哪些方面加深了您对这一主题的了解［多选题］

9.4 外专课程未来发展措施及路径

第一，同学们普遍反映可适当延长总课时和安排更多相关课程。未来应坚持“以我为主”，用好国家外专局提供的外专项目平台，搭建国际化人才交流合作平台。伴随中国更多地参与国际事务，加强对内对外开放，国际化人才非常缺乏，应以“一带一路”为主线，吸引全球的人才都为我们的国际化服务，树立共享国际化人才的理念。通过教学和科研的人才交流、引进和合作，外专项目和国内教师访学项目等，实现国际化人才互联互通，为更多双语课程的建设奠定国际化基础。

第二，除专业课知识外，学生对其他能提升综合素质的课程安排感兴趣，但是学生英语水平和专业知识却参差不齐。未来应正确处理人才培养“专与博”的关系，加大国际化通识教育力度。可考虑多种形式安排课程，完善课程体系。面对日益严峻的就业形势，高校需要高度重视大学生创新创业教育，如针对接受程度不同的同学安排不同课程，以“专业课程 + 英语学习 + 创新创业”为主线，使外专能“一专多能”，将创新创业理念植根于整个教学过程中，以中英双语辅助专业与通识教学，提升自主创业意识，提高毕业生的就业能力。

第三，有必要大力深化通识教育改革，将专业课程与通识教育结合起来，进一步推动专才教育向通识教育转型，秉承通识教育与专业教育相融合的理念，将国际化和创新创业作为通识教育的必修内容，使学生对于我国历史和发展现状，所处国际地位、影响和贡献有正确理解，并对不断变化的国际形势有较深入的认识，培养具有跨文化素养、能力的创新型国际化人才，为民族地区发展输出具有正确人生观、价值观、爱国信念、国际事务判断力和处理能力的人才。

第四，对于其他学院，建议可以面向全校联合开设课程。对于单个专业，国际化人才培养大多止于外语语言能力的培养，在一定程度上缺乏掌握对象国文化、社会、政治、经济状况等素养，对于国际通行规则、不同文化之间的融合、世界政治经济的走向等整个国际社会的现状与变化缺乏深入了解。尤其是如何培养人才，使之既拥有中国的文化内核，又拥有国际化视野，能做出有利于国家发展的理解与判断是亟待解决的问题。可尝试面向全校组织安排课程，丰富课程的内容，使之不局限于专业课内容，也可融合其他人文社科相关内容，并作为通识课的一部分，使外专课程不仅仅服务于一个学院，还可以更好地服务于全校学生，扩大学生的知识面，提升他们的国际化能力。

参考文献

[1] 赵丽君．“一带一路”背景下，国际化人才培养的知与行[N]．光明日报，2018－07－01.

[2] 沈银珍．“一带一路”背景下国际化人才培养探索[J]．亚太教育，2016(34):283.

[3] 阚阅,周谷平．“一带一路”背景下的结构改革与创新创业人才培养[J]．教育研究，2016(10):19－24.

[4] 季庆辉,薛宇,薛勇,等．“一带一路”倡议背景下黑龙江省地方综合性高校创新创业教育发展策略研究[J]．经济研究导刊，2016(25):132－134.

[5] 范新民,高志怀．“一带一路”倡议下跨界融合人才培养与创新创业教育路径[J]．河北师范大学学报(教育科学版),2018,20(2):119－122.

10　新文科背景下社会主义市场经济理论课程教学改革探索

黄　毅　李　婕[1]

摘要：在新文科的时代背景下，要培养优秀的经管人才也需要对相关课程进行改革与创新。社会主义市场经济理论这门经济学专业课程应与时俱进，适应新文科建设的发展要求，在课程体系、教学方式、学科间融合发展、课程评价方法以及对学生能力培养等方面进行相应的改革探索，以实现培养高素质人才的教育目标。

关键词：新文科；社会主义市场经济理论；教学改革

10.1　引言

新文科就是文科教育的创新发展。2019年，我国正式提出发展建设新文科，这对推动我国人文社会学科在新时代的繁荣发展具有重要意义。新文科建设要服务国家应对当下错综复杂的国内外形势，增强我国在国际社会的话语表达能力，服务我国经济社会领域的全面深化改革。在当下经济全球化和新信息技术革命的发展背景下，高等教育的创新发展势在必行，人文社会科学也需要培养一批适应时代变化的优秀人才。

文科是由一系列具体学科构成、以人文社会现象为研究对象的综合学科，经济学是人文社会科学的重要组成部分。新文科最早是由美国希拉姆学院提出的，它是指根据新技术的发展对传统文科进行学科重组，实现跨学科的知识融合与交流。与传统文科的教学模式不同，新文科注重通过不

---

① 黄毅，女，汉族，四川邻水人，西南民族大学经济学院教授，研究方向为国际服务贸易。李婕，女，汉族，河南平顶山人，西南民族大学经济学院硕士研究生。

同学科知识的融通，来认识和解决现实社会中的复杂问题，构建具有中国特色的学科知识体系。新文科的深层本质是促进不同学科之间的知识协同与整合，打破传统文科课程教育的单一教学局限，推动综合性文科人才的培养。有着严格知识边界和以单一课堂知识教学的传统文科教学模式存在很大的弊端，容易与现实社会的需求脱节，也容易造成学生认知思维的局限和研究视角的割裂，不利于学生全面看待现实生活中的复杂问题。在新时代，为了积极响应国家发展需要，我国高校新文科建设应该突出中国特色和创新性，完善新文科人才培养体系，促进经济学跨学科的协同育人。

针对新文科背景，本文对地方高校经济学的专业课程——社会主义市场经济理论的教学改革问题进行探索，深入探讨分析社会主义市场经济理论课程的教学现状和改革探索的重要意义，剖析当下教学改革中面临的一些挑战，并在此基础上提出对这门课程进行改革的相应优化建议，以适应新文科的建设要求。

10.2 社会主义市场经济理论课程情况介绍

10.2.1 社会主义市场经济理论课程设置及内容

社会主义市场经济理论课程是西南民族大学经济学专业的必修课程。课堂教学中参考的教材主要有杨瑞龙主编的《社会主义经济理论》①、逄锦聚主编的《中国特色社会主义政治经济学》② 和王军旗主编的《社会主义市场经济理论与实践》③ 等。课程重点知识章节包含中国特色社会主义经济的理论与实践、社会主义市场经济条件下的分配制度、社会主义经济增长与经济发展、社会主义市场经济条件下的经济结构调整、社会主义市场经济条件下政府与市场之间的关系等。在平时的课堂教学中，教师着重讲解课程的重点难点，并对社会主义经济理论的发展脉络进行梳理，也结合我国经济发展的实际情况对当下的一些热点问题与学生进行共同探讨分析。课下鼓励学生自主搜集学习资料，并分成不同的学习小组一起探讨学习，

① 杨瑞龙．社会主义经济理论(第三版)[M]．北京:中国人民大学出版社,2018.

② 逄锦聚．中国特色社会主义政治经济学[M]．北京:经济科学出版社,2021.

③ 王军旗．社会主义市场经济理论与实践[M]．北京:中国人民大学出版社,2006.

按照章节对学习情况通过 PPT 展示交流，从而检测学生对这门课程的理解和掌握程度。

10.2.2 社会主义市场经济理论课程教学目标

与以往的教学模式相比，社会主义市场经济理论课程除了对相关经济理论的知识传授，也提出了一些新的教学目标和教学思路。本课程运用直面现实的研究态度和方法，摆脱传统的旧教学方法，对经济学分析方法进行创新。对我国经济改革发展中的实际现象进行分析，以问题为导向，来检验现有的理论，发展并创新经济学理论。同时，为了顺应新文科的建设背景，也注重将其他领域的知识融入平时的课堂教学中，如思政教育元素、法治意识和经济社会发展史等政治和历史有关学科知识。在知识传授过程中教师注重进行正确的价值观引领，实现课堂知识教学和综合能力提升的有效融合。

10.2.3 社会主义市场经济理论课程教学实施

社会主义市场经济理论课程知识体系丰富，不仅包含社会主义经济理论知识，同时在课堂教学中，也注重将党的十九大报告内容，特别是将习近平新时代中国特色社会主义经济思想、社会主义核心价值观、家国情怀、法治意识、社会责任等思想有机融入课堂教学中，大大开阔学生的视野，以增加学生对中国特色社会主义理论相关内容的认识，拓宽学生的知识面。学生通过对该课程的学习能够对我国社会主义市场经济理论产生更加深刻的理解和认识。

本课程梳理了社会主义经济理论的发展历程，对我国社会主义市场经济体制建立和完善过程中的实践进行经济学分析，揭示中国道路与中国模式的经济学意义，也增强了同学们对于社会主义制度优越性的认同感。导论部分主要讨论了社会主义经济理论的研究对象与方法论，是课程的开端章节，之后的教学环节按照课程内容渐次展开。同学们分成不同的学习小组，能够在学习中主动运用马克思主义立场、观点和方法科学客观地认识和看待西方经济学理论，并对相应的课程知识进行学习分享；授课老师与学生们共同学习探讨，能够有效培养学生自主学习和团队合作的精神。

10.3 新文科背景下社会主义市场经济理论课程改革的意义

10.3.1 丰富新时代中国特色社会主义市场经济理论

任何科学的经济思想都是时代的产物和实践经验的结晶。作为世界上最大的发展中国家，我国经济社会的快速发展和社会财富的迅速积累举世瞩目，应该不断总结中国智慧和中国经验，不断丰富发展我国的社会主义市场经济理论。经济理论的发展具有时代性，社会主义市场经济理论课程与现实的经济社会联系紧密，在新的时代发展背景下，也要注重挖掘新的经济理论材料，总结经济社会的发展改革经验，并通过一定的改革探索，坚持以问题为导向，深挖这门课程的相关经济理论知识，揭示经济理论的时代发展规律。社会主义经济理论的创新必须坚持马克思主义经济学的指导地位，同时也要注意结合中国的实际国情，辩证地学习借鉴一些西方经济学的有用思想，丰富新时代中国特色社会主义市场经济理论，不断推动经济学理论的创新和发展。

10.3.2 为经济学学科建设提供正确的价值导向

经济学本身就与现实生活有着千丝万缕的联系，作为人文社会科学的重要组成部分，在新文科的建设背景下更要加强教学改革与人才培养模式的创新探索。社会主义市场经济理论这门课程知识内涵丰富，与其他学科有着密切的联系，所以在与其他学科进行知识的融合教学上有着良好的发展条件。在新文科视角下，对该门课程的教学，除了传统单一的课程知识教学，也应该注重将社会主义市场经济理论知识与思政育人课程等相关知识进行融合教学，还应该注重培养学生分析解决问题的能力和与时俱进的创新视角。以社会主义核心价值观为引领，注重改革原有的教学方法，不断提高学生的知识素养和实际应用知识的能力。我们是民族类高等院校，各民族的同学们平时都在一起生活学习，因此更应该注重民族团结教育、加强对各个民族学生的思政教育和正确价值观念引导，发挥民族高校在铸牢中华民族共同体意识中的重要作用。所以，将相关的思政知识融入社会主义市场经济理论这门课程中，也能有效提升同学们的思政素养，并深化不同民族同学对民族团结的思想认识。如在讲授社会主义市场经济条件下的分配制度时，与西方资本主义国家私有制分配制度相比，我国遵循“共同富裕”的社会主义原则，在社会财富分配上兼顾效率与公平，建立财政兜底制度，不让一个人掉队，这些也更能让学生们从内心深处认同社会主义制度的优越性，能够从知识层面为经济学学科建设提供正确的价值导向。

10.3.3 增强学生对社会主义经济理论的理解

经济理论的发展总是具有鲜明的时代特征。毛泽东主席曾说过，真正的理论在世界上只有一种，就是从客观实际抽出来又在客观实际中得到证明的理论，没有任何别的东西可以称得起我们所讲的理论。习近平总书记也指出：“要深入研究世界经济和我国经济面临的新情况新问题，为马克思主义政治经济学创新发展贡献中国智慧。”因此，在新文科背景下，通过加强对社会主义市场经济理论课程的改革创新，根据时代的发展和变化与时俱进地向学生讲授最新的经济理论和国家相关经济政策，不仅能够加强学生对社会主义经济理论的理解，也能够提升学生的综合思想素质。

10.4 社会主义市场经济理论课程教学改革面临的挑战

在我国高等教育中，不同专业之间的课程教学一般都是彼此独立的，任课教师往往只专注于自己专业的教学内容，对其他学科领域的知识缺乏了解。虽然高校教职工在理念上达成了共识，但不同专业教师之间缺乏有效沟通，尚未完全形成合力。

除了专业知识教学，思政育人也是实际教学过程中的重要一环，有着重要的育人作用。但在实际的教学过程中，学校和教师往往只重视学科的课程知识传授，而忽视了将学生的思政教育融入课程教学之中。

课程考核评价体系单一，容易忽视对学生其他方面发展的培养，难以真正提升学生的综合水平。传统的课程结课考核一般是知识考核或者论文写作，一些教师也只注重课堂知识的教学。如果只注重课堂知识的教学而课下跟进不到位，就会使得学生也只注重书本上有限的知识，考试时应付了事，不能够真正地将课堂知识内容融会贯通，容易出现学完就忘、学完就扔的现象；更会使得教育教学流于表面，学生的接受和重视程度不够，不利于学生学习能力的真正提升。

10.5 新文科视角下对市场经济理论课程改革的优化建议

在新文科建设背景下，作为新文科发展重要组成部分的经济学专业教学改革也势在必行。应牢牢把握“新时代、新文科、新经管”的发展机遇，立足新时代人才培养目标，结合社会主义市场经济理论这门课程的特点，在教学课程体系、课程教学方法及课程评价考核体系等方面进行教学改革探索，促进经济学专业教学质量的提升。

10.5.1 加强课程顶层设计，构建科学完善的课程体系

在新文科的建设背景下需要重视不同学科之间的跨学科知识融合。首先，学校要加强顶层设计，有针对性地制定相应的课程改革方案，总领全局、统筹安排，明确学校各单位、各部门在新文科课程建设中的作用与职责，并给予一定的资金支持。其次，经济学科要构建科学完善的课程体系，组织优秀教师深挖社会主义市场经济理论这门课程中的重点难点。在发掘过程中，单一学科教师们的力量是有限的，在新文科教育背景下，不同学科知识应该注重融合发展，因此各专业任课教师也应经常沟通交流，学校和学院应采取多种方式增强不同学科领域教师之间的交流与合作，组织教师之间的交流探讨，打破不同学科之间的藩篱。与中学的课堂教学相比，很明显大学生与教师之间的沟通和情感交流变少了，在互联网的冲击下，一些大学生的注意力和学习精力也容易分散，单一的课堂知识教学难以引起学生的兴趣，因此教师应该创新课堂教学模式，让课堂“活”起来，让学生们也参与进来。推进案例开发，针对该课程重难点选取合适的教学案例。经济理论是不断创新发展的，教师也要注重与时俱进，结合与时政相关的经济理论，及时进行知识的更新，丰富课程的学习内容，激发学生对所学经济理论知识的兴趣。

10.5.2 促进课堂知识教学与思政育人协调统一

提高教师的思想政治素养是建好专业思政的重要保障。教师是教育教学的重要主体，教师应加强自我学习，提高课程思政意识。在授课中不仅要教会学生相关的社会主义经济理论知识，更要在思想和日常生活上多关怀学生，注意培养学生的人文情怀、职业道德、价值态度，做好学生思想上的引路人。教师不仅在学生专业知识与能力建构中发挥着不可替代的作

用，而且在培养提升学生思想水平方面也非常重要。具体而言，教师不仅应该加强与学生的沟通交流，经常了解学生的思想动态，还需要充分发挥自身的人格魅力，做好学生的榜样，注重对学生的培养和关爱，注重挖掘学生身上的潜力，实现立德树人的育人目标；将课堂知识教学与思政育人工作协调统一起来，使学生获得经济理论知识和思政水平的双重提升。

10.5.3 优化课程评价机制，提高学生的综合能力

在教师对学生的课程考核评价方面，应该采用创新多元的考核方式，除了期末考试结果，还应增加对学生学习过程的考核，比如小组作业合作、课下实践、学生自主搜集学习资料进行课上交流分享等形式；还应该鼓励学生课下积极找老师进行学术探讨，培养学生主动求知和自主学习的能力。以前学生的知识来源主要是课堂和教师，随着互联网和大数据的发展，现在学生的知识来源更加多元，学生在线上也能获取大量的知识，知识碎片化现象也比较严重，因此要注重培养学生的批判性思维和独立思考能力，使其在纷繁复杂的知识海洋中学会甄别。学业成绩固然重要，但学生的创新精神、团队合作精神、交流写作能力和沟通能力、批判性思维、学以致用能力和动手实践能力也同等重要，所以教师要注重培养学生的多种能力，培养优秀的应用型经济学人才。

10.6 结语

在新文科视角下，对学生的教育要有大局观。应当加强对社会主义市场经济理论课程的改革探索，针对社会主义市场经济理论课程教学改革面临的挑战要采取切实可行的对策，这对于应对当下经济学人才培养面临的挑战、提高学生的综合素养具有重要的现实意义。

参考文献

[1]田贤鹏，姜淑杰．新文科背景下的跨学科协同育人：内涵特征、逻辑演变与路径选择[J]．教育发展研究，2022，42(21)：35－42.

[2]杨瑞龙．社会主义经济理论（第三版）[M]．北京：中国人民大学出版社，2018.

[3]张旭．马克思主义政治经济学研究对象和方法的确立[J]．经济纵横，2018(5)：29－37.

[4]毛泽东．毛泽东选集[M]．北京:人民出版社,2021.

[5]逄锦聚,何德旭,魏后凯．深入学习贯彻习近平经济思想专题·深入学习贯彻习近平经济思想笔谈[J]．经济学动态,2022(9):3－17.

[6]马骥．新文科背景下《决策理论与方法》课程教学改革分析[J]．知识经济,2019(30):144－145.

[7]杨波,苏波．大思政背景下高校课程思政建设刍议[J]．学校党建与思想教育,2022(12):46－48.

[8]洪永淼．新文科和经济学科建设[J]．新文科教育研究,2021,1(1):63－81,142.

11 金融科技时代《金融工程学》课程教学改革研究与实践

蒲 艳 毛瑞华 马会强 廖 勇 范 钛[①]

摘要：针对课程内容庞杂繁多、基础理论抽象而现实金融场景复杂多变、金融素养与科技素养分离、实验教学环节参与广度和深度不足、学生“混日子式”学习等“痛点”问题，《金融工程学》课程实施全面教学改革。改革以学生为中心，以教师为主导，以能力为根本，进行课程重构：一是构建理论与实践深度融合、金融素养与科技素养交叉融合、前沿科技创新与现实金融场景叠加融合的内容体系；二是构建理论教学、实验实训、在线学习三位一体教学模式，开展以生代师、以练代讲、以评代讲、边讲边练、边练边评等互动式纠错式教学；三是构建“课堂参与＋阶段性小测＋在线学习＋期末考试”全过程考核体系，遏制“平时不努力，考前抱佛脚”的侥幸行为；四是采编中国情境的教学素材，坚定道路自信和金融职业道德，实现课程思政。通过以上改革，课程取得良好教学效果，基本解决“痛点”问题。

关键词：金融科技；模拟实验教学；混合式教学；全过程考核；课程思政

随着金融科技的迅猛发展，金融市场变得更加复杂和多样化，对金融人才的综合应用能力提出了更高的要求。《金融工程学》作为金融大类专业

---

① 蒲艳，女，汉族，四川叙永人，西南民族大学经济学院教授，研究方向为贫困经济、收入差距、金融工程理论与实践等。毛瑞华，男，汉族，四川简阳人，西南民族大学经济学院副教授，研究方向为消费经济、经济金融数据分析、金融工程理论与实践等。马会强，男，汉族，河北石家庄人，西南民族大学经济学院副教授，研究方向为数量经济、金融工程、公司金融等。廖勇，男，汉族，四川成都人，西南民族大学经济学院讲师，研究方向为金融工程理论与实践、资本结构与资本市场等。范钛，男，汉族，四川成都人，西南民族大学经济学院教授，研究方向为证券投资、企业财务管理、旅游经济学等。

的核心课程，深度融合金融学、数学、计算机软件和工程技术等学科的理论知识和方法，解决经济活动中由不确定性引发的金融问题。金融科技背景下，积极开展《金融工程学》课程教学方法改革创新与实践，对优化金融人才培养质量具有重要的意义和价值。

11.1　《金融工程学》教学存在的问题

课程内容庞杂繁多、基础理论抽象而现实金融场景复杂多变、金融素养与科技素养分离、实验教学环节参与广度和深度不足、学生“混日子式”学习是本课程教学中的“痛点”问题。

11.1.1　课程内容庞杂繁多

《金融工程学》课程是金融学、数学、计算机软件和工程技术的交叉融合课程，其教学目标可分为基础性目标和综合性目标。基础性目标包括：一是掌握远期、期货、期权、互换等衍生金融产品的定义、市场运作与交易策略等基础知识；二是掌握衍生金融产品的基本定价原理、风险计量原理和套期保值原理；三是能够运用远期、期货、期权、互换进行风险管理、套期保值和套利交易。综合性目标包括：一是掌握金融工程的基本技术方法，如统计建模、数值计算、虚拟仿真设计等，能够开发和运用新型金融产品的定价模型，并进行相应的风险管理，创造性地解决特定场景的金融问题；二是具备风险意识和法治观念，能够适应金融科技的发展需求，具有在金融学、经济学领域继续深造的基础和潜力。由此可见，该课程内容庞杂繁多，既包括大量的原理性知识，如金融衍生产品的定价原理、套利原理和套期保值原理，又包括丰富的场景性运用知识，如利用计算机软件对金融数据进行处理和分析，及时捕捉套利机会与投机机会，或根据需要实施最优套期保值策略。

因此，该课程要求学生具备金融学、数学、计算机软件与工程技术等学科的知识储备，如果学生前置课程基础薄弱，则难以理解并接受该课程的核心内容。例如，远期、期货、期权、互换等衍生金融产品的定价均涉及较为复杂的数学模型，如果学生未能掌握比较扎实的高等数学知识，缺乏较为严密的逻辑推导能力，就难以理解定价模型的原理和思路，也就无法准确把握金融工程的逻辑。如学生对计算机软件的运用不够熟悉，则在处理和分析金融数据时，就会束手无策。《金融工程学》内容体系见图 11－1。

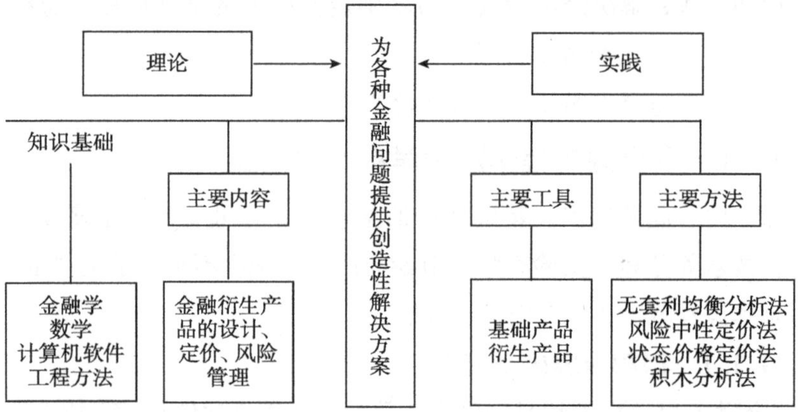

图 11－1 《金融工程学》内容体系

11.1.2 基础理论抽象而现实金融场景复杂多变

衍生金融产品的基本定价原理、风险计量原理和套期保值原理，来源于无套利均衡分析理论、资产选择与资产组合理论、有效市场理论、期权定价理论等非常抽象的金融理论。金融科技时代场景为王，以开放银行为底层思维构建起来的场景金融，正在成为金融机构的现实选择。场景的集群特征，为金融机构的专业化管理提供了便利；场景的金融属性，为金融机构提供了坚实的基础；场景之间的交叉共融，使精准营销金融产品、提供个性化的金融服务成为可能与必需。抽象的基础理论与复杂多变的金融场景脱节，使学生产生“学而无用”“所用不多”的挫败感。

11.1.3 金融素养与科技素养分离

金融科技时代传统金融遭遇颠覆，数据成为核心要素和核心资产，数字化理念、数字化思维、数字化素养成为金融工作者最基本的技能和最基本的条件。大数据技术的应用，使金融机构可以实时掌握金融产品和金融服务的销售情况，精准匹配目标客户，提高运营效率。《金融工程学》课程以金融知识体系为重，导致学生金融素养与科技素养分离，劳动力市场能力供需结构错配，不能适应金融科技发展需求。

11.1.4 实验教学环节参与广度和深度不足

复杂抽象的基础理论，需要通过模拟实验教学，才能转化为学生实际动手操作和解决问题的能力。由于实验建设经费投入不足，且实验教学对教师而言存在巨大的学习压力，教师缺乏主动改革的积极性，模拟实验平台建设滞后，使用广度和深度有限，不利于培养学生独立动手解决实际金融问题的能力、挖掘和分析金融数据的能力以及独立交易金融衍生产品的能力。

11.1.5　学生“混日子式”学习

我国学生的努力程度随年龄增长呈抛物线状，从小学到初中再到高中，学生的努力程度不断提升并达到峰值，上大学后学生的努力程度转向抛物线右侧，学习主动性和内驱力最低。改革前由于课程内容庞杂繁多，教学手段相对单一，学生课堂学习散漫，缺乏主动性，具体表现为：首先，有的学生频繁逃课，有的学生进入课堂时不带任何学习资料，坐在教室后排睡觉，或玩手机游戏，只有少数学生按时或提前到课，坐在前排，课堂上积极与老师互动。其次，学生对待课后作业普遍持消极态度，或者不完成，或者通过抄袭来完成，质量不高，独立思考不够。最后，学生对课程考核抱着得过且过、60分万岁的心态，“平时不努力，临时抱佛脚”成为常态。这些学风不良问题令人“看在眼里、急在心里”。

11.2　《金融工程学》的教学改革与实践

在金融科技浪潮的冲击下，课程团队积极贯彻“学生为主体、教师为主导、能力为根本”的现代教育理念，除积极学习 Python、R 软件、Excel 软件辅助教学外，还主动引入模拟实验教学法和线上线下混合式教学，为教学创新与改革提供新的模式和手段。

11.2.1　重构教学内容

第一，动态更新教学内容。

《金融工程学》是一门集现代金融学、信息技术与工程方法于一体的新兴综合性交叉课程，是“金融业中的高科技”。金融科技时代，金融产品创新层出不穷，如近年来中国基金市场推出公募 REITS、公募 MOM 等结构型创新产品，量化增强 ETF 等策略型创新产品，银行理财子公司推出“养老”“双碳”“ESG”“乡村振兴”“疫情防控”等多种创新主题类理财产品；金融场景复杂多变，需要金融人才或像狼一样敏捷地捕捉机会，提供个性化的解决方案，或像独角兽一样提供快速迭代的场景式服务，或像藏獒一样忠诚地实现客户的资产保值增值，或像警犬一样机警，推动金融监管数字化转型。因此，本课程的教学内容需要顺应时代潮流，将最新金融工程理论、技术和方法，以及最新的金融工程实践，植入各章节教学活动，更好地适应金融科技发展，服务国家金融强国战略。

教学内容的与时俱进，并不意味着构建大而全的教学体系。考虑到我院学生前置课程知识储备不够扎实，教学团队通过摸底调查后对教学内容进行取舍，并针对性地补漏补缺。一方面，在课堂教学中要求学生复习巩固必要的金融基础理论，对衍生产品的设计、定价和套期保值，重点学习基本原理，对其中的数学推导过程，则针对学生的数理基础进行分层要求，突出“因材施教”。例如，教学团队发现多数学生认为 B－S－M 期权定价模型过于复杂，难以理解，所以仅要求学生掌握该模型的最终定价公式，并不要求所有学生掌握该模型的推导过程。另一方面，考虑到教学时间比较紧张，推荐相关参考书，让学生课外阅读，夯实专业基础。

第二，优化模拟实验设计。

模拟实验教学内容的设计是实验教学能否成功的关键。传统模拟实验主体相对单一，对衍生金融工具的套利、套保、风险管理的实验设计较少，学生缺乏对衍生品设计、定价、交易的独立操作能力。为解决该“痛点”，教学团队经过细致的调研和交流学习，将模拟实验分为套利交易、套期保值、产品设计、证券投资组合四个模块。套利交易模拟实验的主要功能是无风险套利原理实践；套期保值模拟实验主要是计算套保比率和套保规模，确定合约到期日和合约头寸方向；产品设计模拟实验是设计创新产品和解决方案的实验，如运用利率互换构造逆向浮动利率债券；证券投资组合模拟实验主要培养资产配置能力和风险控制能力。

第三，加强线上教学资源建设。

课程团队充分调动学生利用网络课程自主学习的积极性，开展线上线下混合式改革，拓展课堂教学时间与空间，提升学习深度。课程团队通过中国大学 MOOC 平台进行网络课程资源建设，在平台上传教学资源，如授课视频、课件、题库和其他优质教学资源链接，培养学生自学能力。

第四，采编并应用中国情境的教学案例。

采编中国金融改革与发展成就案例，多角度挖掘融入思政元素，如在第4章学习“期货的套期保值”时，组织学生讨论分析“2022年青山集团LME套保事件”，认识国际资本利用交易漏洞对我国企业“围剿狙击”的残酷本质，及祖国强大对企业合理权益的有力保护，增强中国特色社会主义道路自信。紧扣金融热点，尤其是金融市场流动性、安全性问题，组织学生学习“习近平总书记就维护金融安全提出的6项任务”，讨论“习近平总书记关于坚决守住不发生系统性金融风险的底线思维的重大意义”，激发学生科技强国、科技报国的家国情怀。

11.2.2　改进教学模式

第一，线上线下混合式教学。

线上教学活动丰富多样，包括视频学习、章节练习、单元测验、小组讨论等，各项学习活动可通过后台动态跟踪，促进全员全过程参与。教师在平台设置学生作业互评，提高学生的纠错能力和思辨能力。

第二，仿真模拟体验式场景式学习。

一是借助模拟投资系统，让学生“身临其境”，了解股票投资、期货投资等基本投资操作，直观学习国债、企业债券、黄金、外汇、互换合约、期权合约的交易方式。将学生分组，进行模拟实验竞赛，如根据市场上基差的变化，运用套期保值技术（相关系数和β值），确定套期保值规模。根据无风险套利原理，开设个人模拟证券账户，模拟套利交易操作流程，把握套利操作的关键环节，厘清交易过程中产生的成本与现金流情况，熟练掌握套利技术。交易过程中，时时检查资产配置，讨论操作方向，根据理论计算敞口风险，判断做多还是做空。

二是引导学生通过全球主要交易所网站或财经频道，跟踪股市动态、各股行情、外汇产品、基金盈亏、全球股指、黄金走势、利率走势、汇率走势，利用Python或Excel软件，对相关数据进行统计分析，培养学生对金融数据变化的敏感性，提高数据分析能力。

三是组织学生参加模拟投资大赛，与金融机构合作，定期组织培训，使学生了解新的投资产品构建方法，了解最新投资动态。

第三，互动式纠错式课堂教学。

在课堂教学中，广泛采用头脑风暴、案例讨论、以生代师、以练代讲、以评代讲、边讲边练、边练边评等教学手段，营造活跃的课堂气氛，激发学生思维活性。例如，教师在讲解无收益资产远期合约多头定价方法后，请学生参照定价思路，充当教师，向全班学生演示无收益资产远期合约空头的定价方法。教师在讲解各种金融产品的定价方法或套利原理后，立即进行相应练习，分小组比较练习答案，强化金融素养。

11.2.3 改革考核体系

课程团队构建起“课堂参与＋阶段性小测＋在线学习＋期末考试”的综合考核体系，突出过程性评价，扭转大学生“平时不努力，临时抱佛脚”的侥幸行为，促进学生对知识的扎实掌握，养成持续学习习惯（见表11－1）。

表11－1 全过程考核体系

名称	占比（%）	频次	目标
课堂参与	15	每次课	培养主动学习和积极思考习惯
阶段性小测	15	每四周	巩固各个阶段的教学重难点
在线学习	20	同步适时	夯实基础，培养自主学习能力
期末考试	50	考试周	考察对知识点的综合掌握与运用情况

11.3 结语

经过持续改革，学生学习参与度明显提高，线上作业、线下作业、单元测验的完成率达到100%，期末考试平均成绩、优生率、良好率稳步上升，不及格率下降；学生动手能力显著增强，截至目前，有多项作品在省级和国家级创新创业大赛中获得优异成绩。前来听课的教学督导组多次表扬课程团队“采用启发式教学，全班同学积极思考参与度高，课堂秩序和教学效果很好”，学生评教得分常常位列学院前茅，并常常在朋友圈或学习平台给予授课教师高度肯定和赞扬。

但该课程的教学改革并非尽善尽美。在创新改革中，本课程面临两个问题：一是学生学习任务较为繁重。学生要以班级授课制形式参加课堂教学，以分组协作教学制形式参加实验实训，以开放教学制形式参加在线学习。各部分学习都有相应的测评和考核，压力较大，部分学生存在一定抵触情绪。在今后的教学过程中，要适当调整任务数量与频次，保证教学效果。二是实验实训场景只能部分模拟现实金融场景，与社会对新型金融人才的能力需求仍有差距，在今后的改革中会继续探索其他技术手段，加大实验实训建设力度，提升人才培养质量。

参考文献

[1]程潘红,许墨函.“课程思政”视角下“金融工程学”的教学探索[J].遵义师范学院学报,2022,24(5):107－110.

[2]何晓光,黄金波.金融工程学课程思政元素探究[J].西部素质教育,2022,8(1):47－49.

[3]霍锦霞,李曼生,李学仕.金融工程学课程教学实践探析[J].甘肃高师学报,2017,22(9):40－42.

[4]李美丹.基于雨课堂的混合式教学设计与实践——以《金融工程学》课程为例[J].金融理论与教学,2022(1):84－86.

[5]强国令,闫杰.普通高校课程教学改革创新对学风建设的影响研究——以金融工程课程教改实践为例[J].金融理论与教学,2017(5):72－74.

[6]乔宗敏,周辉.基于网络资源融合的《金融工程学》课程建设与改革[J].合肥师范学院学报,2019,37(3):82－84.

[7]孙宪明.财经类高校《金融工程学》课程教学改革探讨[J].时代经贸,2019(31):88－89.

[8]谭春枝,谢军,莫国莉.新文科背景下金融工程学课程线上线下混合式教学研究——以广西大学为例[J].广西教育学院学报,2021(3):139－143.

[9]赵攀.“金融工程学”课程的教学改革——以应用型本科院校为例[J].沈阳大学学报(社会科学版),2018,20(3):341－344.

[10]赵旭.金融工程学模拟实验教学方法的探索——基于分级基金案例[J].金融教育研究,2017,30(6):82－88.

12 新文科背景下财务会计课程混合教学模式探究

唐勇智[①]

摘要：新文科建设是我国政府主导的，倡导积极运用新技术，创新课程设置和教学手段，旨在培养适应新时代需求的创新型人才。在新文科建设理念的指导下，财务会计课程采用线上与线下相结合的混合教学模式，强调学生的全程参与和过程性考核，激发学生学习的自主性，采用线上教学平台和新技术手段，充分利用师生的碎片化时间，有效提高课堂教学效果。

关键词：新文科；财务会计；混合教学

2018 年 8 月，全国教育大会召开前夕，中共中央在文件里正式提出"高等教育要努力发展新工科、新医科、新农科、新文科"，为我国社会科学的发展指引了前进的方向。2020 年 11 月，教育部发布了《新文科建设宣言》，新文科建设的重要性进一步明确，由此推动了新文科建设的快速发展。

12.1 新文科理念及其目标

朱成科等（2022）[②] 运用文献计量分析法研究了新文科建设相关文献，发现人才培养和学科建设是学者们关注的重点。刘伟等（2021）[③] 从高校领导的角度，着眼于推进学科的交叉融合，总结了国内高校探索学科交叉融合的 3 种模式：聚焦本学科问题的"引进模式"、聚焦他学科问题的"输

---

① 唐勇智，女，汉族，四川合江人，西南民族大学经济学院讲师。

② 朱成科，赵艳芬，代玉簪．我国新文科建设的研究热点及演进路径——基于 CNKI 的文献计量分析[J]．河南工业大学学报（社会科学版），2022（3）：95－103.

③ 刘伟，王轶，杨东．深入推进学科交叉融合，助力新文科建设[J]．大学与学科，2021（4）：44－60.

出模式”和聚焦多学科共同问题的“合作模式”。

在众多研究中，官方和学者们不约而同地提到了当下面临的时代背景，即新一轮科技革命和产业变革带来的问题综合化、学科边界模糊化和学科交叉现象，以及以问题为导向构建中国特色社会科学话语体系的使命。教育部高等教育司司长吴岩（2019）① 指出，“世界的新变革，使得新文科的改革势在必行”，新文科“要展示哲学社会科学与新一轮产业技术革命交叉融合产生的新变化”。马骁等（2021）② 认为，新文科建设是迎合新环境下知识高度综合化、信息化、数字化的时代特征，以社会需求、现代技术等为建设动力，构建中国特色哲学社会科学话语体系、学术体系的创新之举；新文科建设应该向政策制定者、利益相关者开放，变成能真正解决现实问题的人文社会科学，建立健全以问题为导向的复合课程群，推进全要素“课堂革命”，鼓励启发式和研讨式教学。刘坤和李龙（2022）③ 强调新文科建设应“立足于当代中国的现实需求，着眼于未来的科技革命和产业变革”，构建中国特色的社会科学，超越“学科界限和壁垒，寻求构建以问题为核心的人类知识生产的新模式”，建设新的知识话语体系，打通高校与外部世界、学生与现实生活的联系，“引导学生正确理解中国和世界的变化发展”。方延明（2022）④ 发出了“新文科三问”，指出中国人文社会科学的可持续发展，必须体现中国特色，反映国家战略和时代趋势，建立“全文科”的“三元结构”范式，即以文史哲为内核、人文科学为亚内核、社会科学为外延环，并综合其他相关学科的一个大集合。

陈鹏（2019）⑤ 则担心信息技术的应用导致两个极端：一是“技术主导一切”，让技术取代研究人员做出判断，而丢失了人文社会科学的文化意义及其批判性思考；二是文科学者对技术本身所具有的偏见，容易引起文

① 吴岩. 加强新文科建设 培养新时代新闻传播人才[J]. 中国编辑，2019(2)：4－8.

② 马骁，李雪，孙晓东. 新文科建设：瓶颈问题与破解之策[J]. 中国大学教学，2021(1－2)：21－25.

③ 刘坤，李龙. 重构与推进：新文科背景下的高校哲学社会科学变革[J]. 学位与研究生教育，2022(1)：21－30.

④ 方延明. 新文科建设探义[J]. 社会科学战线，2022(4)：165－177.

⑤ 陈鹏. 新文科要培养什么样的人才[N]. 光明日报，2019－05－20(8).

科学者的不安，在一定程度上对新技术的使用产生怀疑，甚至是抗拒。

笔者认为，现代社会无论在“分离”“独立”的方向，还是在“融合”“一体”的方向，都取得了前所未有的发展。就学科层面而言，分离和独立是为了更深入地掌握该学科的规律，而融合与一体化是由于事物本身是全面和复杂的，单极知识无法解决复杂的问题。新文科适应时代发展的需求，突破学科过度分割的传统趋势，以解决当下复杂现实问题为宗旨，提高高校服务经济社会发展的能力。就课程教学而言，新文科理念体现为积极运用先进的教学技术和教学工具，鼓励学生全程参与教学活动，唤醒学生学习和研究的内驱力，将各种知识融会贯通，提升学生发现问题、分析问题和解决问题的全方位综合能力。

12.2 传统教学模式下财务会计课程教学存在的问题

12.2.1 课程实践性与课堂理论教学之间的矛盾

财务会计学是一门实践性很强的学科，仅依靠课堂教学和闭卷考试不能适应本课程应用型的特点及时代发展的要求。课堂教学具有规模化效应，但个性化受到约束；闭卷考试有利于考查学生掌握理论知识的熟练程度，但限时空的考试往往更侧重于记忆性内容，不能全面反映学生的综合运用能力。

12.2.2 课程内容丰富与学时有限之间的矛盾

课堂大班教学的典型问题是师生之间一对一互动时间很少。传统教学中教师对于学生的了解，主要通过其上课表现和作业反馈，但课堂时间有限，只能蜻蜓点水式地偶尔抽问和互动，作业及其评讲量也极为有限。学生对理论的理解往往囫囵吞枣，而教师很难全面了解学生学习的主观能动性和客观效果。

12.2.3 被动性学习的付出有限和效果较差

一方面，现代社会无限量轻松好玩的娱乐，客观上诱惑太多，加之学生离开严格管束的中学阶段，进入宽松和需要自律的大学阶段，往往平时不努力，到期末考试才“临时抱佛脚”。另一方面，学生在课堂上长时间听课，很难一直保持专注。

12.2.4 传统学习中记录和分析效率不高

用传统方式记录和整理笔记及分析作业的效率低下，不方便学生之间以及师生之间对教学问题的交流。

12.2.5 师生碎片化时间难以利用

课堂以外，师生在空间上相距较远，线下的交流受时空所限，传统教学方式下难以充分利用碎片化的时间。

12.2.6 现代化技术手段在教学中未能充分利用

手机、平板电脑、移动网络早已普及，各种教学平台如雨后春笋般涌现，在传统教学中未能加以充分利用。

12.2.7 过程考核不够客观和全面

传统教学模式下也有过程考核，教师通过课堂点名和作业情况了解学生的学习态度和效果，以此为依据评定平时成绩。但课时的硬约束造成点名只能偶尔进行，而平时作业有可能通过抄袭完成，因此这种评定成绩的方式其实是比较主观的。

12.3 财务会计学课程线上线下混合教学模式的优点

《财务会计学》课程内容多，理论性和可操作性都比较强，仅依靠课堂学习远远不够。线上和线下教学各有优缺点，充分利用线上技术手段和现代化教学平台辅助线下课堂教学，积极调动学生学习的主观能动性，师生共同努力才能有效提高教学效率和教学效果。

12.3.1 保留了线下课堂教学的优点

传统线下教学模式下面对面接触具有良好互动性，信息量大，容易产生情感共鸣，师生关系、生生关系更近，更有归属感和集体感；教师可以及时观察到学生对知识点的反应从而判断学生的掌握程度。

12.3.2 集中运用有限的课时解决主要问题，提高课堂效率

通过学生课前线上自主学习，教师在课堂上有针对性地讲解重点难点内容，有助于提高课堂教学的效率。

12.3.3 学生积极参与，从被动听课切换到主动学习

混合教学模式下，学生需要在课前自主学习视频及非视频内容，整理并总结遇到的问题；参与讨论需要主动思考，勇敢表达个人观点。课后，

要完成多种形式的作业。为了完成这些任务，学生还需要主动搜集和阅读公司财务报表、税收法规等资料，并努力消化以形成自己的认知。

12.3.4 过程考核更客观

通过利用线上平台的签到、自动记录和分析学生学习情况的功能，能够较为有效地监督学生学习的主观付出程度和平时学习的客观效果。

12.4 财务会计课程混合式教学设计及课程组织实施

12.4.1 教学设计

围绕知识、能力、素质三个目标，结合线上线下混合教学模式的特点，本课程教学设计包括三个方面：

第一，线上自主学习。

首先，确定教学目标。依据课程教学大纲，按照掌握、理解和了解三种程度设计各章节的具体教学目标。以“金融资产（下）”为例，教学内容包含“初始计量”“后续计量”和“处置”，掌握债权投资初始成本的计算、摊余成本与投资收益的确定及债权投资减值准备的核算，理解其他债权投资、其他权益工具投资的核算，了解其他债权投资、其他权益工具投资的概念。

其次，教师上传章节相关资料，设置任务点。教师利用假期在学习通和慕课等平台上通过搜索和学习，筛选出国家精品课程中最新且最适合本学院学生的财务会计学课程资源，通过一键建课的方式发送到学习通平台。开学后，每次线下课程之前一周内，教师将精心制作的课件、微课视频、练习题及讨论主题上传到选定的教学平台，并在线上设置任务，通知学生自学线上教学内容。

第二，线下课堂理论教学。

课堂教学主要包括三部分内容：一是对线上学习做简单测试，了解学生预习情况；二是教师讲解教学内容中的重难点，并针对学生线上学习及预习的不解之处进行答疑；三是由教师进行课堂总结。课堂上依据章节的重难点安排好课程进度，以业务题和报表的编制阅读为导向，引导学生理解知识点。

第三，课后练习及测试。

每讲完一个章节，教师通过平台发布对应的作业和测试，通知学生在指定时间完成，然后结合平台对学生作业的统计分析，侧重讲解学生薄弱的知识点。

12.4.2 具体组织实施

第一，建立学习交流的渠道。

开学伊始，教师建立所授课程班级的QQ群/微信群，然后在平台上建设相应的班级，将各班二维码发送到QQ群/微信群，通知学生们扫码加入。

第二，学生自学线上课程内容。

通知学生们登录平台去学习相关的视频和非视频资源，并将遇到的问题在平台上或QQ群/微信群提出，也可私信老师，老师及时与他们交流；鼓励学生在平台或QQ群/微信群互动。

第三，线下课堂融入线上签到与随堂练习。

每次课前15~20分钟，教师登录平台手机端发起签到。学期中间，学生往往进入疲惫期，学习敏感度下降，而此时课程一般进行到最难的金融资产和长期股权投资部分，必须全神贯注方能领会。此时教师选择课程的易错及重点内容，比如针对交易性金融资产和债权投资的初始成本及各种资产减值准备，在课前设计成随堂小练习，于开课时让所有学生参与抢答，学生的参与情况和答题结果会显示在屏幕上，以激发学生的课堂热情，也不会占用太多课堂时间。同时，针对学生做题过程中反映出来的普遍性问题，及时指正并总结。

第四，腾讯会议直播课及录制微课视频。

疫情期间，通过腾讯会议直播，解决空间的限制问题。同时，用EV软件录制部分微课视频，同时上传到教学平台和各班级群里，供同学们有针对性地反复观看。

第五，线上答疑与测评、讨论与总结。

教师利用线上教学平台进行一对一答疑解惑，并根据线下课堂教学进度合理安排章节测试与单元考核，定期检查学生的知识掌握程度。对于历届学生易错的混淆点和难点，设计出相应讨论话题，如“确认其他债权投资的减值损失时，为什么不贷记‘其他债权投资减值准备’，而是贷记‘其他综合收益’?”“对比各种资产的初始投资成本”和“总结资产减值损失的各种情形”等，引导学生深入思考会计制度背后的逻辑，从更高的层面理解这些会计规则和制度。通过线上投票和问卷调查的方式，了解学生觉得最难和最弱的知识点，结合学生意见决定是否对其中部分内容重点深化讲解。

第六，鼓励自主学习的多元化成绩评定方式。

为了综合反映学生的主动付出和客观学习效果，课程评价采取多种考核方式，多角度分析评价学习效能，考核主要包括过程性成绩和期末考试。在过程性成绩中，线上成绩由平台根据学生的自主学习情况自动统计而成，具体包括章节学习、课程音视频观看、章节测验、互动和讨论，还有互评成绩（学生们互相评价的成绩）；线下的过程成绩主要根据课堂参与和签到情况确定。期末考试成绩则通过线下考试获得。从多个角度对学生的学习情况进行评价，更客观公正，并且学生能及时看到平台的统计和成绩，便于他们自我督促、自我分析和自我评价。

12.5　财务会计课程混合教学模式改革成效及其不足

12.5.1　财务会计课程混合教学模式改革成效

第一，在平台的监督和助力下，学生的学习主动性明显提高。

一方面，平台会自动记录课堂签到及线上任务的完成情况，并计分；另一方面，平台是移动的资源，方便学生利用各种碎片化的时间及时学习和互动。教师的碎片化时间也得到充分利用，可以利用就餐等待时间等查看学生学习完成情况并与学生一对一互动。平台统计的学生观看视频次数和时长、参与单元测验及与同学和老师之间的讨论情况，均显示出他们明显提高了对学习的付出程度。

第二，师生之间的互动以及生生互动性更好。

混合式课程参与论坛互动、线上课堂讨论的人数均占学生总数的80%以上，教师发布主题数、回帖数和论坛总回帖数均很高，师生线上互动更紧密。性格相对内向、在线下不发言的同学，在平台上也积极请教老师，参与讨论。整个学期只有两位学生无故旷课，与其导员沟通后，了解到，其中一位是因为压力太大，另一位则是因为中学时代管束太严导致，然后根据情况与两位学生进行了诚恳交流，其中一位在后半期的学习中状态明显改善并顺利通过考核。

第三，学生对教学内容的掌握更牢固，课程成绩和评教效果均明显上升。

线上平台的优质课程资源和教师录制的微课视频可以反复观看，学生遇到难的知识点可以反复听，直到听懂为止，还可以发布讨论让老师和同学积极参与，从而保证学生学习质量。通过重点强调、难点答疑和对比总结，帮助学生更好地消化与吸收所学内容。平台记录的学习过程档案则促进了学生纠正偏误、深化理论认知。

第四，疫情期间利用直播方式替代线下课堂，课堂更具灵活性。

疫情期间，通过腾讯会议直播课与学生实时互动，及时解答疑问。直播中通过提问、抢答和投票等方式，创造直播课堂的活跃气氛，调动学生的学习积极性。除了解决疫情期间的空间限制，也为因生病或其他原因暂时不能到课堂的同学解决了上课的问题。

第五，通过深度开发和持续积累，线上视频与非视频资源日益丰富。

历届学生练习中出现的易错点和混淆点，以及学生在整个学期中不同阶段的参与状态均完整记录在平台上，有助于教师持续不断地完善课程教学。

12.5.2 线上线下混合教学模式仍需解决的问题

第一，直播平台系统运行不流畅。

由于一时间大量人群的涌入，造成线上直播平台时常卡顿，课中出现闪退、黑屏、卡机等问题。

第二，学生刷视频凑表现。

自律性较弱的学生会在几个有限的时间段集中力量刷视频，以逃避线上学习不过关的结果。

第三，学生的学习量和教师的工作量增加。

学生需要在课堂外花费大量时间自学线上课程内容。教师除了传统教学模式下的备课、制作 PPT、设计和批改作业，还要录制授课视频、准备平台各章节资料和练习题、思考和拟定讨论话题并将各种资料及时上传至平台，以及组织和参与学生的讨论、监督和反馈平台统计的学习情况，再加上大量的答疑解惑，工作量大幅增加。

12.6 结语

本文通过探讨新文科的理念和目标，结合财务会计课程的教学模式改革，对比分析财务会计课程线上教学与线下教学的优缺点，认为从过去“以教师为主体”的教学模式转换为“学生全程主动参与”的线上线下混合教学模式，有助于激发学生学习主动性，提高课堂教学效果，增强师生互动，锻炼学生的综合分析能力。尽管混合教学模式依然存在需要解决的问题，但与时俱进，既不过度依赖于技术手段，又积极主动利用新技术、新工具和新理念完善教学，增强高校解决现实复杂问题的能力，无疑是新文科理念指引下光明的新方向。

参考文献

[1]朱成科,赵艳芬,代玉簪．我国新文科建设的研究热点及演进路径——基于 CNKI 的文献计量分析[J]．河南工业大学学报(社会科学版),2022(3):95－103.

[2]刘伟,王轶,杨东．深入推进学科交叉融合,助力新文科建设[J]．大学与学科,2021(4):44－60.

[3]吴岩.加强新文科建设　培养新时代新闻传播人才[J]．中国编辑,2019(2):4－8.

[4]马骁,李雪,孙晓东．新文科建设:瓶颈问题与破解之策[J]．中国大学教学,2021(1－2):21－25.

[5]刘坤,李龙．重构与推进:新文科背景下的高校哲学社会科学变革[J]．学位与研究生教育,2022(1):21－30.

[6]方延明．新文科建设探义[J]．社会科学战线,2022(4):165－177.

[7]陈鹏．新文科要培养什么样的人才[N]．光明日报,2019－05－20(8).

[8]黄启兵,田晓明．新文科的来源、特性及建设路径[J]．苏州大学学报(教育科学版),2020(2):75－83.

[9]魏志鹏,杨克虎．循证社会科学视角下的新文科建设路径研究[J]．兰州大学学报(社会科学版),2021(1):142－150.

13　OBE 理念下金融学大类专业核心课程改革

向　琳[①]

13.1　引言

在传统课程导向教育和教材导向教学的驱使下，课程教学设计变成了“选教材、讲教材和考教材”，在经济类专业课程中，专业核心课程规定了选择马工程教材，成果导向教育（Outcome - Based Education，OBE）成为现在课程改革的“最后一公里”。OBE 教育理念要求教学“以学生为中心”的输出性教学模式，以培养目标为导向构建课程体系，特别是疫情期间和后疫情时代的线上“金课”教学改革，在“教学空间”和“教学行为”物理隔离的情景中，OBE 能更好地促进教学从内容到成果的转变，提升教学效果。

《中国教育现代化 2035》指出要提升高等教育竞争力，随后教育部等 13 个部门联合启动“六卓越一拔尖”2.0 计划，推进新文科建设，启动一流本科专业和课程建设“双万计划”。传统教学设计是以在“学科”基础上的“课程”为导向，核心内容是构建科学合理的课程体系，课程体系直接作用于毕业要求和专业培养目标，知识体系的设计表现为学科知识的系统性和完备性，教育理念多在于解决“静止封闭”的问题，对外部需求的反应不足。经济学专业核心课程以往教学设计多集中在教材的选定、教材的讲解和教材的考核上，当前经济学专业多以大类招生，如西南民族大学经济学院的金融学大类专业，选择的教材也是指定的马工程教材，以教材

---

①　向琳，四川苍溪县人，西南民族大学经济学院副教授，博士，硕士生导师。项目来源：本文系西南民族大学教改重点项目“OBE 理念下金融学大类专业核心课程群建设与改革”（项目编号：2021ZD14）研究成果。

为中心的教育教学改革已不能完全满足现有的教学需求，加上新时期面对大学生就业难、学科建设与市场需求不匹配等现实问题，OBE 教学设计以产出导向为课程设计原则，能够有效提升学科建设和教学育人效果。本文运用 OBE 教育理念对经济类专业进行改革探索，以经济学院一流本科专业金融学大类中《中级微观经济学》核心课程为具体实例，力争把课程建设成既能适应时代需求，又能突出民族高校专业特色的精品课程，带动金融学大类专业其他核心课程同频共振，实现课程和学科的深耕发展。

13.2 概念梳理

Spady（1981）首次提出基于成果导向的教育理念，主张教育应该重视学生能够通过学习培养哪些能力以及能做什么[①]，并且在 1994 年给出了明确的定义：在教育系统中必须将学生在一段学习过程结束后能够获得的最重要的学习成果作为核心目标，并围绕预期成果组织教学计划[②]。OBE 框架包括一个操作范例、两个关键目的、三个关键前提、四个操作原则和五个实施要点：一个操作范例是一个明确清晰的愿景和框架；两个关键目的是学习结束后具备所需的知识、能力、素质和为学生达成预期成果创造条件；三个关键前提是学生不是在同一天以同样的方式成功、成功的学习可以促进更成功的学习、学校控制着直接影响成功学习的条件；四个操作原则是清楚聚焦、扩大机会、提高期待和反向设计；五个实施要点是明确学习成果、设计课程体系、制定教学策略、实施结果认证、逐级达到顶峰。

13.3 文献综述

Kudlas（1994）认为 OBE 是一个聚焦于学习成果的过程[③]。William 和 Kissane（1995）认为教育教学框架体系、课程体系和教育过程都是围绕学生能够取得的学习成果而设计的，没有对学习成果产生积极影响的应该被

---

① Spady W G. Outcome – Based Instructional Management：A Sociological Perspective[J]. Australian Journal of Education, 1981, 26(2):123 – 143.

② Spady W G. Outcome – Based Education：Critical Issues and Answers[M]. Arlington, VA：American Association of School Administrators, 1994.

③ Kudlas J M. Implications of OBE：What You Should Know about Outcomes – Based Education [J]. The Science Educator, 1994, 61(5):25 – 32.

修正[①]。Harden（1999）总结了 OBE 相对于传统教育的“十二条优势”[②]。Acharya（2003）把 OBE 分成了学习成果、实现学习途径、评价和运用四个模块[③]。Relder 和 Brent（2003）认为 OBE 包括教学目标、教学指导和教学评价三个模块[④]。Tucker（2004）认为教育教学的重点是学习成果，学习过程应该以学习结果来驱动实施[⑤]。

2013 年中国成为《华盛顿协议》签约成员之后，中国关于 OBE 的研究开始出现。通过中国知网，以“OBE”为主题，时间确定为 2013—2022 年，共搜索出 8793 条结果，其中学术期刊 7361 条，学位论文 222 条，会议 121 条，报纸 2 条，图书 1 条。期刊论文中北大核心 411 条，CSSCI 期刊论文 110 条。研究主题涉及 OBE 理念、教学改革、教学模式、混合式教学、课程思政、人才培养等方面，研究成果丰硕。从时间上看，研究热度也是逐年提升（见图 13－1）。

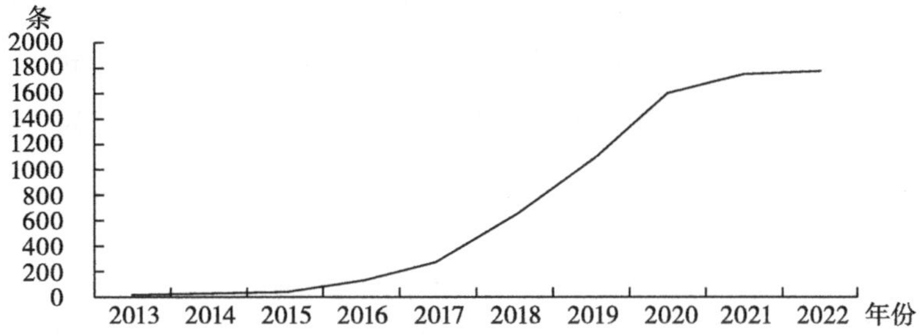

图 13－1　2013—2022 年 CNKI 中 OBE 发文量

国内关于 OBE 的研究成果丰硕。姜波（2003）认为教育者和政策制定

① William S, Kissane B. Outcome－Based Education: A Review of the Literature[J]. Prepared for the Education Department of Western Austral, 1995(13):87－90.

② Harden R M. AMEE Guide NO. 14: Outcome－Based Education: Part 1－An Introduction to Outcome－Based Education[J]. Medical Teacher, 1999,21(1):7－14.

③ Acharya C. Outcome－Based Education: A New Paradigm for Learning[J]. Centre for Development of Teaching and Learning,2003,7(3):7－9.

④ Relder R M, Brent R. Designing and Teaching Courses to Satisfy the ABET Engineering Criteria[J]. Journal of Engineering Education, 2003, 92(1):7－25.

⑤ Tucker S E. Literature Review: Outcomes－Focused Education Unibersities[J]. Lrarning Support Network, Curtin University of Technology, Bentley, 2004(1):17－25.

者应该从传统的强调输入到强调输出，改变测量教育效果的方式，包括两个目标、三个假设和四个原则[①]。祝怀新等（2006）[②]、刘剑虹等（2008）[③]、唐晓明（2011）[④] 介绍分析了南非“以结果为本的教育”课程模式的产生、概念和特征等问题和借鉴之处。胡文龙（2014）[⑤] 介绍了OBE 教育模式的雏形 CDIO 思想，认为探究式教学模式与 CDIO 的一体化培养理念一致，符合 CDIO 标准。顾佩华等（2014）[⑥] 系统地阐述了 OBE 教育模式的概念、理论基础以及特点，分析了汕头大学在 OBE 工程教育模式中的实践架构、实施特点、实施重点、实施特色以及遇到的困难。李志义等（2014）[⑦] 对成果导向教育和传统教育进行了对比，提出了 OBE 从学科导向向目标导向转变、从教师中心向学生中心转变、从质量监控向持续改进转变。杨毅刚等（2015）[⑧] 基于 OBE 模式对比了高校创新与企业技术创新的区别和实际需求差距。巩建闽等（2016）[⑨] 认为开展 OBE 要重视顶层设计、改革评价方法、坚持持续改进、重视教师发展中心作用。柏晶等（2017）[⑩] 以 OBE 理念构建在线开放课程资源结构模型，并在实践中加以应用。李双寿等（2017）[⑪] 将价值塑造、能力培养和知识传授融为一体，融

---

① 姜波．OBE:以结果为基础的教育[J]．外国教育研究,2003(3):35－37.

② 祝怀新,毛红霞．南非“以结果为本的教育”课程模式探析[J]．外国教育研究,2006(4):34－38.

③ 刘剑虹,张军．南非以结果为本位的教育改革[J]．比较教育研究,2008(6):45－49.

④ 唐晓明．论南非 C2005 课程改革[J]．教育评论,2011(3):166－168.

⑤ 胡文龙．基于 CDIO 的工科探究式教学改革研究[J]．高等工程教育研究,2014(1):163－168.

⑥ 顾佩华,胡文龙,林鹏,等．基于“学习产出”(OBE)的工程教育模式——汕头大学的实践与探索[J]．高等工程教育研究,2014(1):27－37.

⑦ 李志义,朱泓,刘志军,等．用成果导向教育理念引导高等工程教育教学改革[J]．高等工程教育研究,2014(2):29－34,70.

⑧ 杨毅刚,孟斌,王伟楠．基于 OBE 模式的技术创新能力培养[J]．高等工程教育研究,2015(6):24－30.

⑨ 巩建闽,马应心,萧蓓蕾．基于成果的教育:学习成果设计探析[J]．高等工程教育研究,2016(2):174－179.

⑩ 柏晶,谢幼如,李伟,等．“互联网＋”时代基于 OBE 理念的在线开放课程资源结构模型研究[J]．中国电化教育,2017(1):64－70.

⑪ 李双寿,李乐飞,孙宏斌,等．“三位一体、三创融合”的高校创新创业训练体系构建[J]．清华大学教育研究,2017,38(2):111－116.

合创意、创新、创业全生态培养，规划培养过程。刘锴等（2017）[①] 认为从“以教师为中心”的输入性教学向“以学生为中心”的输出性教学转变，应设计学校系统性配合的联动机制、创建开放式教学环境、提高互动教学能力和实践能力的高校教师培养路径。华尔天等（2018）[②] 构建多元开放式本科教学质量保障体系：责任主体、质量标准、评估与监控方式、信息收集途径、评价与激励方式。张男星（2019）[③] 认为OBE理念可以成为推动高校专业教育质量提升的思想、制度和文化力量。王永泉等（2019）[④] 针对OBE课程教学从设计到实施再到评价的全过程，探讨了各环节所需要遵循的一般原则、形式标准和操作要点。张男星等（2020）[⑤] 认为我国高校践行OBE需要OBE概念与理论适用性有所区分，做好基本教学资源配置等条件保障。巩建闽等[⑥]（2020）讨论了使用课程矩阵确定课程培养目标，以及课程“反向设计”的方法。郝一双（2021）[⑦] 将OBE理念贯穿在课程实施层面，认为教学转向关注学生的“学”为中心，多元考核学生的学习成果。刘卫东等（2021）[⑧] 提出基于OBE模式的覆盖课程、专业、学院和学校四个教学组织层级的本科教学质量管理体系结构关系模型。胡茉等（2022）[⑨] 基于上海七所高校师生的问卷调查，认为教学目标对学

① 刘锴，孙燕芳．基于OBE教育理念的高校教师培养研究［J］．黑龙江高教研究，2017（6）：59－61．

② 华尔天，高云，吴向明．构建多元开放式本科教学质量保障体系的研究——基于产出导向教育理念的探索［J］．中国高教研究，2018（1）：64－68．

③ 张男星．以OBE理念推进高校专业教育质量提升［J］．大学教育科学，2019（2）：11－13，122．

④ 王永泉，胡改玲，段玉岗，等．产出导向的课程教学：设计、实施与评价［J］．高等工程教育研究，2019（3）：62－68，75．

⑤ 张男星，张炼，王新凤，等．理解OBE：起源、核心与实践边界——兼议专业教育的范式转变［J］．高等工程教育研究，2020（3）：109－115．

⑥ 巩建闽，萧蓓蕾．谁来制订课程大纲——兼论OBE人才培养方案设计［J］．高等工程教育研究，2020（4）：180－187．

⑦ 郝一双．OBE理念下使用微助教改进课堂教学的探索——以教师教育类理论课程为例［J］．高等工程教育研究，2021（S1）：24－25，46．

⑧ 刘卫东，黄蕾，冯若雯．基于OBE人才培养模式的本科教学质量管理体系重构［J］．国家教育行政学院学报，2021（10）：19－30．

⑨ 胡茉，李林．OBE导向下学习产出的影响因素研究——基于上海七所高校的问卷调查［J］．高等工程教育研究，2022（3）：139－145．

习产出具有显著的正向促进作用，教学设计在其中起到部分中介效应；形成性评价和总结性评价既正向调节教学目标与学习产出的关系，也正向调节教学设计与学习产出的关系。

13.4 培养目标分解

OBE 课程教学设计要求教学目标必须支撑毕业要求的达成。金融学大类专业包括金融学、金融工程和投资学三个分流专业，在专业核心课程设置上考虑三个分流专业的培养目标，拟做到教学目标精准支撑培养目标。

金融学专业培养要适应社会主义经济社会发展需要，尤其是适应少数民族地区金融事业发展需要，培养德、智、体、美全面发展，具有强烈的社会责任感和金融伦理修养，热爱祖国和维护社会主义制度，遵纪守法，具备健全人格与心理素质，具有比较宽厚的经济金融理论基础和现代管理知识，具有较高的外语水平和实际工作技能，具有独立思考、判断和创新的能力，具有较强的协调能力和合作精神，能够胜任银行、证券、财务、保险、信托等金融领域，以及其他综合经济管理部门、中介咨询评估机构、政府管理部门和各类企事业单位相关领域工作的应用型、复合型专门人才，或者能够在国内外教育科研机构继续攻读更高学位的合格后备人才。

金融工程专业旨在培养具有良好的政治思想素质、人文素养和科学素养；掌握扎实的本专业的基本理论知识和金融工程技术方法，了解本方向的前沿发展现状和趋势；扎实掌握数理工具，具备较好的数学推导能力；熟悉金融计算的各种方法，具备金融软件应用实现能力及创新应用能力；具备较强的学习研究能力、创造精神、创新意识和创新创业能力的应用型、复合型专门人才，或者能够在国内外教育科研机构继续攻读更高学位的合格后备人才。

投资学专业要求为少数民族和民族地区培养具有良好的政治思想素质、人文素养和科学素养，系统掌握投资学专业知识和相关技能，较强的学习研究能力、创造精神、创新意识和创新创业能力，能够满足金融机构、政府部门和企事业单位用人的素质和要求的应用型、复合型专门人才，或者能够在国内外教育科研机构继续攻读更高学位的合格后备人才。

综合专业分流的三个方向，金融大类目标导向应该包括以下六个方面：

①紧扣时代发展。适应社会主义经济社会发展需要，尤其是适应少数民族地区金融事业发展需要。②提升综合素质。德、智、体、美全面发展，具备健全的人格与心理素质，具有强烈的社会责任感和金融伦理修养，热爱祖国和维护社会主义制度，遵纪守法，具有良好的政治思想素质、人文素养和科学素养。③提升专业知识。具有比较宽厚的经济金融理论基础和现代管理知识，扎实的本专业的基本理论知识和金融工程技术方法，了解本方向的前沿发展现状和趋势。系统掌握投资学专业知识和相关技能。熟悉金融计算的各种方法，具备金融软件应用实现能力及创新应用能力。④提升外语与数学等基础。具有较高的外语水平和实际工作技能，扎实掌握数理工具，具备较好的数学推导能力。⑤提升创新与合作能力。具有独立思考、判断和创新的能力，具有较强的协调能力与合作精神。⑥提升实践与继续学习的能力。能够胜任银行、证券、财务、保险、信托等金融领域，以及其他综合经济管理部门、中介咨询评估机构、政府管理部门和各类企事业单位相关领域工作的应用型、复合型专门人才，或者能够在国内外教育科研机构继续攻读更高学位的合格后备人才。

13.5 教学设计

在教学目标确定后，本课题拟就确定教什么（内容）和怎样教（教学方法）进行设计。金融学大类专业核心课程《中级微观经济学》重在讲授微观经济的基本范畴、基本原理和基本方法，从而培养学生对现代经济理论的兴趣，使其掌握基本的经济学分析方法。

采用启发式、讨论式等教学手段，充分利用多媒体等现代化教学手段，整体优化教学过程和教学内容，调动学生学习的积极性，所有学生在一学期至少有一次机会参与课程互动。

贯彻精讲原则，突出重点，简化推导，图文并茂，重在基本概念、基本理论的理解。

贯彻理论与实践相结合的原则，讲述中辅以一定量的习题讨论课，每学期至少布置4次以上作业，实现理论与实践的结合，提高学生对课程基本概念的深入理解，并提高学生运用已学的知识去分析和解决现实经济问题的能力。

分析与总结相结合，宏观讲授与微观分析相结合，对讲授内容及时总结，对重点内容深入分析，深入浅出，循序渐进。

13.6 教学评价设计

OBE 课程改革根据自上而下设计，自下而上进行评价的思路，对金融学专业大类专业核心课程教学设计体系和教学效果进行评价。参考专业培养方案中的培养要求，本课题拟提出教学评价的“4 +2”标准，每项评价模块分别与“时代发展、综合素质、专业知识、外语与数学等基础能力”的四个基本维度和两个附加维度（创新与合作能力、实践与继续学习的能力）相对应，考试采用“期末闭卷综合性期终考试形式 + 平时成绩”对学生进行考评，对学生的平时学习与知识运用能力进行综合评价。

13.7 基于 OBE《中级微观经济学》的课程设计

微观经济学课程以马工程《西方经济学上册》（指定教材）知识框架为基础，建设思路与课程设计如下，分为七大模块。

模块一：导论。该模块设计为 4 个学时，教学内容包括经济学的历史演进、经济学的分类、微观经济学的基本界定、为什么要学习微观经济学、微观经济学的研究对象、基本假设、研究方法、基本框架和期末考核说明。经济学的历史演进通过对经济学起源、古典经济学、边际学派、新古典经济学、凯恩斯主义经济学和萨缪尔森新古典综合的讲解和讨论，结合中国经济发展历史，让学生清楚经济学历史上的三次综合，并且要充分认识经济学与当时经济社会发展之间的关系，主要完成教学目标：①紧扣时代发展；②提升综合素质；③提升专业知识；⑤提升创新与合作能力。结合经济学的历史演进，当代经济学的分类主要从理论依据、基本假设、分析方法、分析对象、分析重点和主要目标六个指标区分微观经济学和宏观经济学，同时讲解微观经济学和宏观经济学之间的联系，及其在经济社会中的不同表现，讲解主要完成教学目标：③提升专业知识；⑤提升创新与合作能力；⑥提升实践与继续学习的能力。为什么要学习微观经济学知识点主要从经济全球化视角下根据中国实际分析西方经济学，通过课程思政进行分析，主要完成教学目标：②提升综合素质；⑤提升创新与合作能力。微观教学的概念界定主要从资源稀缺和欲望无穷的矛盾进行分析，并结合自身实际进行案例讲解，主要完成教学目标：③提升专业知识；⑤提升创新与合作能力；⑥提升实践与继续学习的能力。微观经济学的研究对象、基本假设、研究方法和基本框架的讲解，主要完成教学目标：①紧扣时代发展；②提升综合素质；③提升专业知识；④提升外语与数学等基础；⑥提升实践与继续学习的能力。

模块二：价格理论。该模块设计为10个学时，主要内容包括需求、供给与均衡价格三个方面。需求和供给主要包括需求和供给函数、曲线特征和影响因素三个方面，同时在需求、需求量和需求曲线知识点上依据社会主义核心价值观和中华优秀传统文化，融入个人欲望的表达、需求的个体差别，延伸出大同思想课程思政元素，在供给、供给量和供给曲线知识点上依据习近平新时代中国特色社会主义经济思想，融入社会主义集中力量办大事和供给侧结构性改革等课程思政内容，主要完成教学目标：①紧扣时代发展；②提升综合素质；③提升专业知识；④提升外语与数学等基础；⑤提升创新与合作能力；⑥提升实践与继续学习的能力。市场均衡价格的决定、变动、供求定理和蛛网模型知识点，依据经世济民的家国情怀，融入粮食安全案例等课程思政，主要完成教学目标：①紧扣时代发展；②提升综合素质；③提升专业知识；④提升外语与数学等基础。弹性知识模块除了用函数和几何方式推导需求和供给弹性，依据法治教育内容，引入“毒品犯罪”和“谷贱伤农”案例，在分析弹性时进行法制和爱国教育，并依据人类命运共同体思想，以国际收支分析中国与世界经济供求，分析在人类命运共同体框架下，中国成为国际公平正义的重要力量等课程思政元素，主要完成教学目标：①紧扣时代发展；②提升综合素质；③提升专业知识；④提升外语与数学等基础；⑤提升创新与合作能力；⑥提升实践与继续学习的能力。

模块三：消费者行为理论。该模块设计为10个学时，教学内容包括分析消费者行为和推导需求曲线。从需求曲线背后的效用论分析出发，分析基数效用和序数效用的英文原意和区别，推导边际效用递减规律的表、图和函数表达，以此为基础通过数学表达推导消费者均衡，在知识讲解过程中依据社会主义核心价值观，用“国家富强”“人民富裕”讲解效用水平，推导 GDP 逻辑，最后通过练习理解消费者剩余，主要完成教学目标：①紧扣时代发展；②提升综合素质；③提升专业知识；④提升外语与数学等基础；⑤提升创新与合作能力；⑥提升实践与继续学习的能力。无差异曲线知识点基于偏好的三个假定，分析曲线及其特点，以及用数学推导效用最大化与消费者选择，在此过程中依据社会主义核心价值观、中华传统文化教育和劳动教育，以充满中国味产品的案例分析无差异曲线、以大同思想分析预算约束线、以主观欲望与客观收入平衡分析消费者均衡条件。主要完成教学目标：①紧扣时代发展；②提升综合素质；③提升专业知识；④提升外语与数学等基础；⑤提升创新与合作能力；⑥提升实践与继续学习的能力。最后部分讲解替代效应和收入效应、正常品、劣等品和吉芬商品、市场需求曲线的推导、不确定性和选择，通过大量案例和练习对该部分进行分析，主要完成教学目标：①紧扣时代发展；②提升综合素质；③提升专业知识；④提升外语与数学等基础；⑤提升创新与合作能力；⑥提升实践与继续学习的能力。

模块四：生产者行为理论。该模块设计为 10 个学时，教学内容包括生产论和成本论。生产论主要包括厂商与生产的介绍、生产函数的推导；成本论包括成本的介绍和成本函数的推导，通过生产和成本的分析最终推导出生产者的选择。在厂商的界定上，依据制度自信，分析中国企业供给侧结构性改革案例。通过案例与练习分析总产量、平均产量和边际产量，通过表、图和函数定性分析与定量分析相结合，深入学习该部分理论知识。结合创新型国家建设，分析技术创新的重要性，理解长期生产函数、无差异曲线、边际技术替代率递减规律。主要完成教学目标：①紧扣时代发展；②提升综合素质；③提升专业知识；④提升外语与数学等基础；⑤提升创新与合作能力；⑥提升实践与继续学习的能力。成本论从成本的概念和分类讲解出发，分析显成本和隐成本、经济利润和会计利润、成本最小化、扩展线、短期成本的七大分类及关系、长期成本函数等，通过大量练习熟练掌握知识点，并融入外部经济中个人之间的友善关系对生产的影响等思政元素，分析等成本线、生产者均衡、规模报酬和外部经济，依据习近平新时代中国特色社会主义经济思想，融入高质量发展内容，分析长期成本函数。主要完成教学目标：①紧扣时代发展；②提升综合素质；③提升专业知识；④提升外语与数学等基础；⑥提升实践与继续学习的能力。

模块五：市场理论。该模块设计为16个学时，教学内容包括完全竞争市场和不完全竞争市场。市场理论重点在市场特征和均衡价格及产量的决定上。运用数学方法推导完全竞争厂商短期和长期供给曲线，并以此推导完全社会福利，最后比较不同市场组织的经济效果。依据社会主义核心价值观，通过商业文明等课程思政元素，分析企业收益、市场结构和利润最大化；通过市场经济体系，分析完全竞争企业面临的需求曲线和收益曲线；通过专业课程教育的时代性和引领性，引入当前国家先进行业的产品生产案例，分析完全竞争企业的短期均衡；坚持道路自信，批判西方纯自由主义，分析完全竞争企业和市场的长期均衡；通过高铁学生票实际案例，分析垄断的含义及原因、垄断的短期和长期均衡、价格歧视；引入当前国家先进行业的产品生产案例，分析垄断竞争的特点、短期均衡和长期均衡；坚持“四个自信”，通过电信行业5G案例，分析寡头的含义及特征、古诺双寡头模型、斯威齐模型、价格领导模型、卡特尔模型。主要完成教学目标：①紧扣时代发展；②提升综合素质；③提升专业知识；④提升外语与数学等基础；⑤提升创新与合作能力；⑥提升实践与继续学习的能力。

模块六：生产要素市场和收入分配理论。该模块设计为6个学时，教学内容包括完全竞争和要素需求、要素供给的一般理论、劳动和工资的决定、土地和地租、资本和利息、垄断与要素使用量和价格的决定。在进行理论讲解的同时，根据OBE理论，加入课堂练习和案例分析，并引入课程思政。通过我国市场经济案例分析完全竞争和要素需求；以社会主义核心价值观为指导，通过就业政策、爱岗敬业案例分析劳动和工资的决定；通过农村土地“三权”分置分析土地和地租；展望资本和利息等基础金融知识，培养金融专业兴趣；引入当前国家先进行业的产品生产案例，分析垄断与要素使用量和价格的决定。主要完成教学目标：①紧扣时代发展；③提升专业知识；④提升外语与数学等基础；⑥提升实践与继续学习的能力。

模块七：效率与市场失灵。该模块设计为12个学时，教学内容包括一般均衡分析、竞争性均衡和经济效率、公平和效率、外部性、公共物品和公共资源、信息不完全和不对称、收入分配中的不平等。根据 OBE 理论，加入课堂练习和案例分析，并引入课程思政。引入当前国家先进行业的产品生产案例，分析一般均衡；通过平等、诚实守信对市场效率的重要性，分析公平和效率；通过人与自然的关系，分析外部性；通过社会主义新农村基础设施建设，分析公共物品和公共资源；通过诚实守信、契约精神等案例，分析信息不完全和不对称的重要性；以协调发展，按劳分配为主体、多种分配方式并存并列为社会主义基本经济制度的平等观等课程思政元素，分析收入分配。主要完成教学目标：①紧扣时代发展；②提升综合素质；③提升专业知识；④提升外语与数学等基础；⑤提升创新与合作能力；⑥提升实践与继续学习的能力。

参考文献

[1]Spady W G. Outcome - Based Instructional Management: A Sociological Perspective[J]. Australian Journal of Education, 1981, 26(2):123 - 143.

[2] Spady W G. Outcome - Based Education: Critical Issues and Answers [M]. Arlington, VA: American Association of School Administrators, 1994.

[3]Kudlas J M. Implications of OBE: What You Should Know about Outcomes - Based Education[J]. The Science Educator, 1994, 61(5):25 - 32.

[4] William S, Kissane B. Outcome - Based Education: A Review of the Literature[J]. Prepared for the Education Department of Western Austral, 1995 (13):87 - 90.

[5] Harden R M. AMEE Guide NO. 14: Outcome - Based Education: Part 1 - An Introduction to Outcome - Based Education[J]. Medical Teacher, 1999, 21(1):7 - 14.

[6] Acharya C. Outcome - Based Education: A New Paradigm for Learning [M]. Tri - Annual Newsletter, 2003.

[7]Relder R M, Brent R. Designing and Teaching Courses to Satisfy the ABET Engineering Criteria[J]. Journal of Engineering Education, 2003, 92(1):7 - 25.

[8] Tucker S E. Literature Review: Outcomes - Focused Education Unibersities

[J]. Lrarning Support Network, Curtin University of Technology, Bentley, 2004(1): 17 –25.

[9] 姜波. OBE:以结果为基础的教育[J]. 外国教育研究,2003(3):35 –37.

[10] 祝怀新,毛红霞. 南非“以结果为本的教育”课程模式探析[J]. 外国教育研究,2006(4):34 –38.

[11] 刘剑虹,张军. 南非以结果为本位的教育改革[J]. 比较教育研究,2008(6):45 –49.

[12] 唐晓明. 论南非 C2005 课程改革[J]. 教育评论,2011(3):166 –168.

[13] 胡文龙. 基于 CDIO 的工科探究式教学改革研究[J]. 高等工程教育研究,2014(1):163 –168.

[14] 顾佩华,胡文龙,林鹏,等. 基于“学习产出”(OBE)的工程教育模式——汕头大学的实践与探索[J]. 高等工程教育研究,2014(1):27 –37.

[15] 李志义,朱泓,刘志军,等. 用成果导向教育理念引导高等工程教育教学改革[J]. 高等工程教育研究,2014(2):29 –34,70.

[16] 杨毅刚,孟斌,王伟楠. 基于 OBE 模式的技术创新能力培养[J]. 高等工程教育研究,2015(6):24 –30.

[17] 巩建闽,马应心,萧蓓蕾. 基于成果的教育:学习成果设计探析[J]. 高等工程教育研究,2016(2):174 –179.

[18] 柏晶,谢幼如,李伟,等. “互联网 +”时代基于 OBE 理念的在线开放课程资源结构模型研究[J]. 中国电化教育,2017(1):64 –70.

[19] 李双寿,李乐飞,孙宏斌,等. “三位一体、三创融合”的高校创新创业训练体系构建[J]. 清华大学教育研究,2017,38(2):111 –116.

[20] 刘锴,孙燕芳. 基于 OBE 教育理念的高校教师培养研究[J]. 黑龙江高教研究,2017(6):59 –61.

[21] 华尔天,高云,吴向明. 构建多元开放式本科教学质量保障体系的研究——基于产出导向教育理念的探索[J]. 中国高教研究,2018(1):64 –68.

[22] 张男星. 以 OBE 理念推进高校专业教育质量提升[J]. 大学教育科学,2019(2):11 –13,122.

[23] 王永泉,胡改玲,段玉岗,等. 产出导向的课程教学:设计、实施与

评价[J]. 高等工程教育研究,2019(3):62－68,75.

[24] 张男星,张炼,王新凤,等. 理解 OBE:起源、核心与实践边界——兼议专业教育的范式转变[J]. 高等工程教育研究,2020(3):109－115.

[25] 巩建闽,萧蓓蕾. 谁来制订课程大纲——兼论 OBE 人才培养方案设计[J]. 高等工程教育研究,2020(4):180－187.

[26] 郝一双. OBE 理念下使用微助教改进课堂教学的探索——以教师教育类理论课程为例[J]. 高等工程教育研究,2021(S1):24－25,46.

[27] 刘卫东,黄蕾,冯若雯. 基于 OBE 人才培养模式的本科教学质量管理体系重构[J]. 国家教育行政学院学报,2021(10):19－30.

[28] 胡茉,李林. OBE 导向下学习产出的影响因素研究——基于上海七所高校的问卷调查[J]. 高等工程教育研究,2022(3):139－145.

14 新文科背景下国际金融学课程线上线下混合式教学探究

陈 宏[①]

摘 要：《国际金融学》是高等教育金融学专业的必修课程，也是高等院校财经类专业教育部确定的核心课程。随着新文科建设序幕的拉开，教育技术的驱动，“两性一度”的线上线下混合式教学模式逐渐被引入《国际金融学》课程。通过建设实践，发现存在课程资源不足和质量不高、有效互动较少、教学评价不科学等问题，以此为突破口提出了相应的解决路径。

关键词：新文科；教育技术；线上线下；混合式教学

14.1 引言

新文科教育理念最先由美国希拉姆学院于2017年提出，利用新教育技术融入相关专业的教学，助力培养学生跨学科综合性学习的能力。2018年8月，中共中央发文强调高等教育要努力发展新工科、新医科、新农科、新文科，新文科的概念至此在国内被正式提出。教育部于2019年5月召开大会，启动了2.0版“六卓越一拔尖”计划，全面、有序地推进新工科、新医科、新农科、新文科建设，促进高等教育高质量、内涵式的发展。新文科建设的序幕逐步拉开。2020年，教育部新文科建设工作组对我国高等教育新文科建设做出了全面部署，主办了首届全国新文科建设工作会议，成立了全国新文科教育研究中心，发布了《新文科建设宣言》，对提升文化

---

① 陈宏，男，博士，西南民族大学经济学院教师，研究方向为国际贸易理论与实务、保险理论与实务。项目来源：西南民族大学教育教学研究与改革项目“《国际金融学》线上线下混合式教学研究与实践”（项目编号：2021YB01）。

软实力、培养新时代文科人才具有重大实践意义。

高等教育文科的创新发展需要新文科理念来驱动，将新的教育技术、教学平台方式应用到教学之中。2018 年，教育部颁发《教育信息化 2.0 行动计划》，将教育信息化作为教育系统性变革的内生变量，推动了教学模式的变革、理念的更新和体系的重构。中国高等学校本科教育工作会议于 2018 年 6 月召开，提出了五类“一流课程”，其中就包括线上线下混合式“一流课程”，利用当今信息网络化技术和 MOOC、SPOC、翻转课堂、对分课堂、虚拟仿真等新的教学理念，将封闭课堂提升为开放课堂，传统的灌输课堂转变为对话课堂，打造具有创新性、挑战性的高阶课堂，提升学生学习效率，这是新文科背景下课程建设的根本任务。

14.2 文献综述

美国是世界上开展混合式教学最早的国家。美国教育部门通过混合式教学数据分析后认为，线上线下混合教学是高等教育中最有效的教学方式。从有效性进行探究，Curtis 将在线学习、面授学习、混合式学习的学习效果进行比较分析。Bersin 对教学设计进行了研究，指出根据学生特点和水平制订混合式教学方略。从教学相关策略方面进行研究，Rowe 提出“以学生为中心”的教学活动，互通学习资源和经验，通过反思和交流激发学生的学习兴趣。借鉴美国 K－12 教学学习模式，Shi Xiaoceng 从弹性、转换式、增强虚拟、菜单等模式分析了其特点，“以学生为中心”，让学生自主学习，学会“会学”，使学习效果得以提高。

在国内，何克抗教授于 2004 年首次引入混合式教学理念，提出混合式学习对课程整合有着深远的影响，同时提出利用信息技术进行课程教学设计，具有一定的前瞻性。从课程案例角度，张策、潘小栋、王建明等分析了混合式教学模式的存在问题、经验及策略。赵国栋分析了在混合式教学中学生满意度的影响因素，研究表明以下因素对学生学习满意度的影响显著：课程适用性、认知性、电脑的适应性、作业及考试回复的及时性。针对混合式教学中的新角色和行为规律的研究，齐灿、孙雨薇等提出了对应的设计思路和建议。基于“MOOC＋平台”线上线下混合式教学模式研究，翁克山、史俊伟、郭利平等分析了混合式教学实践优势。目前来看，线上线下混合式教学的研究是技术研究、理论研究较多，定量分析、学习感知体验研究却较少。

14.3 建设实践

学校线上线下混合式课程，特别是国家级和省级的，多数分布于医学、工学等专业的核心课程。在新文科背景下，结合“两性一度”的建设标准，《国际金融学》作为经济、金融类文科专业的必修核心课程，教学路径分为线上教学和线下教学，线上教学利用 SPOC（基于国家级 MOOC）和微课，并将线上教学情况反馈到线下教学，进一步优化课堂教学，避免知识的碎片化，减轻课堂教学压力，提高课堂效率（见图 14－1）。同时，利用现代教育方式和技术也需要针对教学方法、教学内容、教学资源等方面进行迭代改进，为人才培养做出积极贡献。

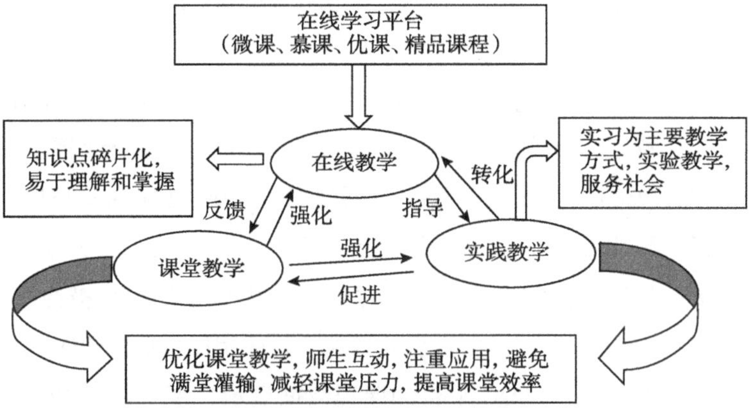

图 14－1 《国际金融学》线上线下混合式教学路径

14.3.1 前期准备

《国际金融学》课程分为理论和实务两部分，不仅要加强学生理论学习，同时还要提高学生的实务操作能力。从资源建设、教学设计、学生参与、学习评价四个方面，选取 SPOC 平台上已结课的 2020 级的学习数据进行数据分析及学生满意度调研。选取了金融学 2020 级专业必修了《国际金融学》课程的 3 个班的 166 人作为研究对象，其中有 1 个班为实验班（由 4 位教师构成教学团队进行教学），其他 2 个班为对照班。《国际金融学》线上学习主要涉及 SPOC 平台，教师在该平台进行文件资料、教学视频、作业以及课堂讨论等的发布，学生通过线上资源进行视频观看、课件学习进行自主预习与学习。线上与线下教学资源应紧密融合才能体现线上线下混合式教学的高阶性、创新性、挑战度。为此，《国际金融学》引入国家级 MOOC 视频总数 107 个，文档 51 个，随堂测验 51 次，章节作业、测试 3 次，期末考试 1 次，还有 51 个教学课件 PPT，4 个拓展微课、62 个拓展阅读。在任务点完成详情中，166 名学习者在单元测验、章节测验、期末考试中完成情况良好，共计完成次数 17436 次，未完成次数 326 次，多数未完成任务点主要是因为忘记完成。

14.3.2 教学实践

首先，《国际金融学》线上学习资源情况。线上学习内容需要因材针对性设计，突出重难点，并根据实际教学情况调整教学结构。利用 MOOC 资源即时发布和上传课程视频和资源，在公告栏发布完成要求及时间，说明本章主要学习内容和重点，及时提醒学生在上课之前需要做好哪些学习、知识准备，在特定时间内完成的作业以及测验。分析线上课程学习次数可以发现：2020 级的学生人数、线上学习次数、平均视频观看长度、最长视频观看长度、平均课程学习进度分别是 166 人、17436 次、43 分钟、109 分钟、90.2%，学生未全部完成，主要是少数学生自主学习积极性不高。

其次，《国际金融学》线下互动情况。①利用信息化 SPOC 教学平台，提升课堂教学的效果。SPOC 平台的课程数据显示，课堂讨论和评论总数为 10126 次，人均 61 次，最多 107 次。总体参与次数偏低，需要引导、督促学习小组完成。②课程公告共发布 5 次，共参与 825 次（不包括签到、抢答、投票、评分、分组任务、随堂练习），学生之间的互动较少，仅有很少学生主动发布话题。③教师在课堂活动中发起的活动共 69 次，主要为签到活动，需要老师进行改进，调动学生线上讨论的积极性，拉近师生距离。

14.3.3 教学评价

“双向互动”“以学生为中心”的教学是典型的教学理念，在教学评价过程中理应加以应用。线上线下混合式教学的评价分为两部分：一是线上学习效果评价，从学生的任务完成情况、课堂表现及测试成绩展开，方式为论坛讨论、线上视频学习、测验、考试等，具体措施为布置作业和测试题，评价学生作业、统计学生学习状况、讨论区在线答疑解惑；二是线下课堂，与传统教学相似，但侧重点会发生改变。《国际金融学》课程将学生的成绩评定贯穿整个学习过程，分解成10余个指标。该课程的学习包含观看讲课视频及其他课程资源、完成每章测试题和作业题，参与课程讨论、参加期末考试。课程学习成绩由三部分构成：一是章节测试和作业。在每一篇章学习结束后，将有章节测试题和作业题，所有章节测试分数占课程成绩的30%，所有单元作业分数占课程成绩的25%。二是期末考试。课程结束后，学生参加课程的最后考试，成绩占课程成绩的35%。三是课程讨论。课堂交流区讨论占课程成绩的10%。主要根据老师或学生在“课堂交流区”中参与讨论的活跃度及点赞度来确定。

14.4 成因分析

14.4.1 高等学校教务管理体系与混合式教学模式不匹配

教育部推出的“一流课程”改革，包括线上线下混合式教学改革，都需要高校教务管理体系在学生考核制度、学分认定（转换）制度、教师工作量制度上做一些相应的改革。目前，除一些重点院校的教务管理机制进行了相应改革外，大多高校仍停留在以前的教务管理机制上，诸如虽然考虑了线上学习因素对成绩的影响，但最终仍以教师给定的最终成绩（其中线上所占权重模糊）为准；教师工作量的认定仍参照线上线下上课总量，与传统相比差异较小，未考虑线上线下互动工作量，难以调动教师的内生动力。所以，高校教务管理体系改革需从根本上调动教师和学生的积极性，各教学要素密切配合，与混合式教学模式相符合。

14.4.2 师生网络信息技术能力差异较大

传统的课堂教学，教师只需掌握一些基本教学工具和方法即可，学生也只使用一些常规学习工具和方法。线上线下混合式教学涉及线上教学部分，不仅要求熟练使用计算机及办公软件，还要求懂得互联网技术和相关网上教学平台与软件（如MOOC、SPOC、微课、网上会议等），而来自师生的掌握程度因素制约了混合式教学效果的最大化发挥，导致有些学生跟不上，有些学生吃不饱，不能充分、有效调动师生的热情和积极性，严重打击了学生的学习兴趣。

14.4.3 整合、监控学习过程难，效果不佳

线上线下混合式教学模式与高校课程相结合，需要整合教学资源和教学活动，由于高校教学机制或教学主体的原因目前都很难做到。同时，在整个线上线下教学过程中，为了精准反馈、精准评价，需要教师实时、及时监控，因为学生自控能力较弱和以前学习习惯的影响，部分学生线上学习拖延、作业抄袭、考前突击，导致学习效果较差，达不到预期的教学质量。

14.5 策略应对

14.5.1 构建优质丰富的教学课程资源

优质丰富的课程资源可为教师进行线上线下教学提供教学保障，引导学生充分利用这些资源自主预习与学习，从而使教学效果达到最优。课程资源可以是电子文档形式的教材、资料和课件，也可以是教学录屏形式的网上视频。课程资源建设既要重视质量与数量，又要保证形式的丰富性和内容的多样性。由于教师建课难度大，课程资源的数量少，加之课程资源共享机制的缺失和成本较高，导致课程资源，特别是高质量教学视频资源的数量较少，学生缺乏获得感、学习内生动力不足，难以满足教师和学生线上线下教学使用。高质量课程资源数量越多，越适合学生线上、线下自主学习，自我建构专业知识，从而为线下翻转课堂做好铺垫。

14.5.2 高度重视师生有效互动交流

实行线上线下混合式课程教学，要充分加强信息技术和网络平台的有效应用，利用教学网络资源发起全员参与、多维度的师生互动，发挥教师教学主体作用，开展“以学生为中心”多种形式的学习，满足学生的个性化学习需求，在课前、课中、课后的每一个阶段给予学生全新的互动体验。通过网络信息化工具的使用，利用相关数据进行交互式学习，师生共同努力实现高质量的学习。交互学习方式有很多，诸如课前学生利用课程视频进行知识技能的学习与掌握、教师主动发起讨论话题与学生讨论、对学生有价值的话题与回复进行点评，使得在混合式课堂教学过程中营造师生之间良性的学习互动氛围。

14.5.3 建立科学的教学评价体系

线上线下混合式课程的教学评价体系是整体性的、综合性的。构建教学评价体系的目的在于诊断教学问题、总结教学经验、了解课堂教学变化趋势。一般情况下，线上线下混合式课程主要从评价主体、评价内容和评价方式等 3 个方面进行评价：老师和学生作为评价主体，高度重视学生对混合式课程的评价意见和建议，并在将来的教学中加以借鉴；评价内容是多层次、全方位的，可以是线上的内容，譬如在线学习时间、单元章节测验效果、参与讨论回复的次数等（具体项目、内容根据课程特征选取），也可以是线下的内容，诸如出勤情况、课堂活跃度、学习笔记等，最后综合评定成绩；评价方式采取线上全过程网上学习考核与线下期中、期末测试考核的辅助方式进行，这种评价方式更有利于培养学生的创新精神，使教学行为更加完整。

14.6 小结

在教育科技革命和驱动下，高等教育迎来了史无前例的发展契机，这就要求高等院校转变意识，进行教学模式改革，提升教学质量。尽管国家级省级校级线上线下混合式课程已具有一定数量，但相当多的课程还没有达到优质混合式课程的标准，对于高校的高质量人才培养还有一定差距。如何建设一流的线上线下混合式课程，进而推动高校课程的改革创新发展仍是一个亟待研究的问题。在将来的混合式课程教学改革中，需要重组教学内容，精心安排课堂流程，即时监测教学过程，制定评价体系科学评价，并根据课程实践情况加以创新。

参考文献

[1] 冯晓英,王瑞雪,吴怡君. 国内外混合式教学研究现状述评——基于混合式教学的分析框架[J]. 远程教育杂志,2018,36(3):13－24.

[2] 左秋娟,宋泽华. 传统教学与线上线下混合式教学体验感知差异研究——以"大学计算机基础"为例[J]. 高教学刊,2020(31):49－53.

[3] 金石,王璐露,宛敏. 线上线下混合式教学的反思与策略优化[J]. 中国大学教学,2022(11):72－77.

[4] 吕勇,宋词,金雪英, 等. 线上线下混合式教学的有效衔接教学实践

研究[J]. 包装工程,2020,41(S1):198－201.

[5] 马一. 线上线下混合式教学行动研究——信息技术与思政课教学融合创新[J]. 教育学术月刊, 2020(7):97－105.

[6] 杨晓宏,郑新,田春雨. 线上线下混合式一流本科课程的内涵、建设目标与建设策略[J]. 现代教育技术, 2021,31(9):104－111.

[7] 张锦,杜尚荣. 混合式教学的内涵、价值诉求及实施路径[J]. 教学与管理,2020(9):11－13.

15　新文科建设背景下劳动经济学课程教学质量提升路径探析

盛　伟[1]

摘要：2018 年，教育部提出了具有时代特征的新文科的战略理念，主要目的在于对既往不能适应新的发展阶段教育理念和教育模式进行全面深化改革，提高人才素质。本文鉴于劳动经济学课程教学过程中存在的问题，在梳理新文科背景下劳动经济学课程建设的内在要求的基础上，从全方位融入地方经济发展大局，动态调整教学内容；贯通知识的“生产—传播—应用”全过程，注重教学实际效果等方面探讨了新文科建设背景下劳动经济学课程教学质量的提升路径，以便更好地服务高质量教学和高质量人才培育。

关键词：新文科建设；劳动经济学；教学质量；人才培育

15.1　问题的提出

在第四次工业革命的浪潮中，我国经济社会发展模式发生了翻天覆地的变化，而传统的文科人才培育过程中的诸多问题开始逐渐凸显，各地高等院校对新发展阶段如何推进文科教育事业发展改革进行了激烈的讨论，新文科建设在我国应运而生。新文科建设是当前环境高等院校哲学社会科学教学改革的必经之路，也是适应新发展阶段社会科学技术进步的内在要求[2]。新时期培育具有中国特色的社会主义新文科势在必行。然而，传统文科的教学和课程体系的建设一般会滞后于时代发展，普遍存在创新动力不

---

① 盛伟，男，湖北人，博士，西南民族大学经济学院教师。

② 黄启兵，田晓明．新文科的来源、特性及建设路径[J]．苏州大学学报（教育科学版），2020，8（2）：75－83.

足、学科交叉融合不够充分、实践教学环节薄弱等问题，导致部分文科课程学习枯燥乏味，实际教学效果达不到理想状态①。本文以劳动经济学课程为例，探讨新文科建设背景下，高等院校如何提高劳动经济学课程教学质量，以期为劳动经济学学科理论、课程建设、人才培育模式等方面提供可行的改革路径，继而提升劳动经济学学科人才对于现代社会技术进步和产业发展的适应性。

劳动经济学主要是研究劳动力资源优化配置的经济理论与制度的一门学科，是与政府的社会和经济政策密不可分、与企业经营管理高度相关、与人们工作和生活直接发生联系的极具应用价值的实用科学。因此，它无论是在宏观、微观或是对劳动者个人都具有重要的现实意义。劳动经济学还与我们每个人的工作和生活直接相关，如失业和下岗、就业歧视、集体谈判、职业选择、工资收入、社会保障等。通过了解和掌握该学科，有助于我们在雇佣、择业、晋升、培训、劳动报酬、激励等方面做出合理的决策，提高分析经济问题的能力，从而成为更理智、更敏捷的公民。劳动经济学具有理论性强、概念抽象的特点，承接着宏观和微观经济学，在学习之前需要学生具有较好的经济学和数学基础，它融合了社会、经济、法律、政治等多方面的知识，同时利用了大量的图形和数理模型来分析问题，许多经济变量间有着较强的逻辑关系，导致在教学过程中存在教师难教学生、学生难以深入理解相关的知识点等问题，使得劳动经济学失去了本来的教学目的，无法达到预期的教学效果。具体而言，现阶段部分高校的劳动经济学课程教学与管理普遍存在以下问题：

一是当前高等院校使用的劳动经济学教材多是“精简版”或“提炼版”，部分内容缺乏衔接和背景知识介绍，导致教学过程中出现教学断层现象，无法体现学科间内在逻辑。加之劳动经济学课程具有内容庞杂、概念抽象、数理推导多等特点，如均衡失业模型、劳动力流动模型等，给学生理解造成了一定困难，难以提高学生的学习积极性和学习兴趣。

二是教师课程教学中对于劳动经济理论的讲解较为繁杂，而在案例分

---

① 段禹，崔延强．新文科建设的理论内涵与实践路向［J］．云南师范大学学报（哲学社会科学版），2020，52（2）：149－156.

析的实践教学方面未能与现阶段我国经济社会发展新的特征紧密关联，导致课程教学过程中学生普遍参与度不高，更导致学生学习的理论知识难以运用到工作实践中。劳动经济学还具有发展变化的特点，需要授课教师实时了解国际上最新研究成果，这对于授课教师的综合素质要求较高，虽然高校教师多为博士毕业，他们通常学术功底扎实、教学态度严谨，但与此同时也缺乏社会实践经验，因而教学过程中侧重于理论的讲解，对于学生的需求了解不够翔实，与学生交流较少，难以达到高质量的教学目的。

三是教师课堂教学中缺乏创新能力，受到劳动经济学学科特征、教师自身能力和考核方式的限制，部分院校劳动经济学课程的教学方式还比较滞后，简单完成教学目标课时，采用单一的讲授、填鸭式灌输教学的方式较为普遍，对于一些新式的具有创新性和交互性的教学平台使用较少，导致学生和教师的互动质量偏低，导致教师教学乏力，学生学习乏味，难以真正掌握劳动经济学的核心内容和实践应用。

上述问题与新文科建设背景下提升劳动经济学课程教学质量的宗旨相违背，迫切需要解决。如何在新文科建设背景下推动劳动经济学课程教学的高质量发展并赋予其新的时代内涵？如何在民族院校进行传统文科的改进与优化？探讨劳动经济学课程的有效教学经验，调动学生的学习积极性和主动性，提升劳动经济学课程教学质量，对学生专业发展和实践应用具有重要意义。

15.2 新文科建设背景下劳动经济学课程建设的内在要求

15.2.1 构建以育人、育才为中心的哲学社会科学发展新格局

《新文科建设宣言》指出："我们的任务是构建世界水平、中国特色的文科人才培养体系""构建以育人、育才为中心的哲学社会科学发展新格局"。新文科建设涵盖了先进的培育人才的观念，其所构建的人才培育体系主要从价值引领、课程建设、教学模式等方面进行，为劳动经济学学科的人才培育提供了方向。专业课程作为培育人才的基本要素，课堂教学作为提升人才质量的基础活动，都是新文科建设过程中需要明确完善的内容，而这也是人才培育质量提升过程中的关键制约因素。在新文科建设要求下，需要充分提升劳动经济学课程质量，充分发挥劳动经济学科育人功能，改

变传统机械灌输式、填鸭式的授课方式，打造新模式、建设新的课程体系，完善课程内容。劳动经济学课程教学过程需要以学生为中心，采取灵活丰富的授课模式，适应新时期学习的新特点，推动学生理论知识和能力素质协调发展，提升学习获得感。同时，促进劳动经济学课程教学团队不断提高教学能力，实现教学科研互相渗透有机统一，高质量完成教书育人职责。

15.2.2 扎根祖国大地，明确价值取向

《新文科建设宣言》指出："新时代改革开放和社会主义现代化建设的伟大实践是深耕新文科的肥沃土壤。"劳动经济学科建设要有明确的价值取向，扎根祖国大地，立足我国国情，站稳中国立场。人文社会科学知识是价值性和客观性的统一，学科成员或教师队伍及其所产生的研究成果都将不同程度地展现各自的知识结构、背景和价值观念。而课堂教学和科学研究作为一种社会活动，其核心在于探索事物发展的客观规律，为人类社会发展谋取福利。新文科建设涵盖了中国立场观念，是确立劳动经济学科价值取向的基本要求，在人才培育过程中需要充分发挥课程思政的正面作用，积极探索中国发展之路，为党育人、为国育才，培养学生理解国情和解决实际问题的能力。在劳动经济学学科理论研究和社会服务中，要积极关注国家和区域经济发展的重大理论和实践问题，合理借鉴国际上的优秀成果，为本国经济社会发展提供理论支撑。

15.2.3 推动多学科融合创新发展，完善学科知识体系

《新文科建设宣言》指出："推动融合发展是新文科建设的必然选择。"融合发展是新文科建设的主要特点之一，表征不同学科间相互渗透、相互补充、共同发展的新格局。在劳动经济学课程体系构建与发展过程中，要持续推动与其他学科如管理学、法学、社会学等学科的融合，特别是在研究内容和方法上的相互借鉴，完善劳动经济学课程知识体系。另外，劳动经济学课程体系还要与区域社会、经济、科技、产业、文化发展体系相衔接，提升其对区域经济发展的服务能力。在学科功能完善方面，需要把培育人才、科研创新、国际交流等方面相互融合，推动劳动经济学学科功能协同发展。在学科建设主体方面，因其具有较强的应用特性，需要促进高校、研究所、企业以及政府部门的有效合作，构建以高校为主导的多元发

展结构。这意味着高校将突破校内外分隔的环境，使得学科建设的内循环与社会行业、企业发展外循环相互融合，全场域支撑学科体系建设。此外，《新文科建设宣言》指出，“传承中创新是文科教育创新发展的必然要求”“要坚持不懈挖掘新材料、发现新问题、提出新观点、构建新理论”。因此，在学科融合的过程中要积极推动创新，包括劳动经济学学科理论、研究方法、教学模式、人才培育模式等方面，继而提升劳动经济学学科人才对于现代社会技术进步和产业发展的适应性。

15.3 劳动经济学课程体系建设与教学质量提升路径选择

15.3.1 全方位融入地方经济发展大局，动态调整教学内容

高等院校特别是民族类高校劳动经济学科的发展，需要全方位融入和服务民族地区的经济发展大局，以“高等院校所长”对接“民族地区所需”，通过深度扎根地方完善劳动经济学科建设与民族地区发展良性互动的发展生态。高等院校要全面了解地区人口结构和经济发展特点，紧扣行业、企业人才需求，确立劳动经济学科建设方向和内容，动态调整课程体系，为行业、企业的发展培养并输送高水平创新型和应用型人才。在教学内容上，首先要选取符合民族院校需求的劳动经济学教材，要避免选择其删减版或精简版，对于一些数理推导模型、晦涩难懂的国外劳动经济学理论、与我国当前劳动力市场发展相脱离且不符合我国国情的国外案例可以适当删减。而与行业发展需要、学生个人发展紧密相关的内容，如劳动力市场工资和就业、社会保障、家庭生产决策、个人职业发展规划等可以增加教学时间。在案例介绍方面，多引入当下经济快速发展过程中一些新的社会热点话题来增强授课内容的时效性和可读性，比如零工经济、无人经济、数字鸿沟引致新的财富不均等社会问题。同时，可以通过理论结合实践的方式让同学们更加理解行业、企业的发展和运行特点，比如介绍地区特色企业的员工工资生成方法来讲解工资理论。当然，这并不意味着删减传统教学中基本概念，破坏劳动经济学的基本框架，只重视实践而忽视基础理论的学习将会使得学生思路混乱、似懂非懂，只有扎实的理论基础才能有效指导实践。

15.3.2 贯通知识的“生产—传播—应用”全过程，注重教学实际效果

劳动经济学课程体系建设主要依靠人才培养、科学研究和国际交流等方式来贯通知识的生产、传播和应用。目前，劳动经济学课程体系建设仍处于完善阶段，需要不断完善劳动经济学的研究范式，加速融合不同学科内容，构建更加完善的劳动经济学课程体系。同时，需要不断深化课程教学模式、教学平台和教学质量等方面改革，提升劳动经济学人才培养的适应性。随着云计算、人工智能、机器学习、区块链等新技术不断涌现，以及高校人文环境的日益开放，对传统的教学方式提出了新的挑战，单一的教师讲述方式和填鸭式教学已经难以适应当前高等院校的学习需要。在新型的课堂教学过程中，要注重学生实际参与课堂情况，避免教师唱独角戏，可以利用多媒体、翻转课堂、开放式提问、小组讨论讲演等方式提高学生参与度，注意实际效果，防止学生由于回答问题错误形成心理负担。日益丰富的网络教学资源具有实践性强、通俗易懂、贴近生活等特点，是对传统教学内容的有效补足，教师可以通过网络向同学们推荐教学资源来帮助他们拓展知识，如各类求职类节目和网站以及各类高校、调查机构的劳动力市场报告等，提升实际教学效果。此外，高等院校往往拥有一些实习基地和长期的合作企业，可以邀请企业对应的人力资源管理部门的高管走进课堂，帮助学生更好地学习劳动经济学，让大家能够真正学以致用。知识的生产、传播和应用是相互渗透的统一体，知识的生产在科技快速发展的背景下早已突破大学边界，只有形成产教融合共同体，才能促进劳动经济学课程体系教学科研融合创新。

15.4 结语

不可否认，中国劳动经济学乃至整个人文社会科学与世界一流水平相比，在理论原创性、研究范式、国际影响力、人才培育等方面还存在一定差距。新文科建设给中国劳动经济学课程教学与研究提供了一个追赶的契机。然而，包括劳动经济学科在内的任何一门学科都具有一定的历史传承性和路径依赖的特点，因而任何一门学科的改革、创新和发展都要建立在自身发展的历史基础上。本文基于《面向 2035 高校哲学社会科学高质量发

展行动计划》提出“要以育人育才为中心”“创新哲学社会科学人才培养模式”“更好发挥新时代高校哲学社会科学育人功能”的目标，梳理了新文科背景下劳动经济学课程教学质量的内在要求，包括构建以育人、育才为中心的哲学社会科学发展新格局；扎根祖国大地，明确价值取向；推动多学科融合创新发展，完善学科知识体系。继而全方位融入地方经济发展大局，动态调整教学内容。贯通知识的“生产—传播—应用”全过程，在注重教学实际效果等方面给出了新文科建设背景下劳动经济学课程教学质量的提升路径，以提高学科人才素质。

参考文献

[1]黄启兵，田晓明．新文科的来源、特性及建设路径[J]．苏州大学学报（教育科学版），2020，8(2)：75－83.

[2]段禹，崔延强．新文科建设的理论内涵与实践路向[J]．云南师范大学学报（哲学社会科学版），2020，52(2)：149－156.

第4篇

社会实践篇

16　大数据时代高校教改项目管理信息化平台建设研究

王　航　王茜婷[①]

摘要： 近年来，高等教育教学改革深入推进发展，对优化教育机制、人才培养模式、课程规划层面发挥着重要的作用。目前，一些学校为了有效改变传统教改项目管理繁杂、工作效率偏低的局面，开始着手部署实施信息化管理平台的构建。结合大数据因素，高校要全面分析教改项目管理工作现况，明确设计思路和流程，科学分配系统用户模块（管理员、教师、评审专家），以及系统、项目、评审、成果管理等，全方位实行数字化，搭建一体化业务链条，提高高校教育质量。本文将一一介绍说明信息化管理系统的研发与应用。

关键词： 大数据；项目管理；信息化

16.1　引言

在新时期环境下，高校教学改革不断发展，有效增强了在教育体系中的竞争力，新浪潮趋势显著。在“互联网+”视域下，高校要不断更新教改项目管理模式，充分利用现代化科学技术，建立高效的项目管理信息平台，激发教育工作者的创造性，为完善项目管理制度奠定基础。与此同时，要围绕教改的重难点，在教学机制、课程结构、教学监管与评价等方面设立项目，通过信息化平台来进行管理，促进教育教学质量提升，从而培养高层次、综合性人才。

---

① 王航，男，蒙古族，河南南阳人，西南民族大学讲师，研究方向为区域经济学。王茜婷，女，土家族，四川达州人，西南民族大学中级讲师，研究方向为行政管理公共政策分析。

16.2　高校教改项目管理概述

16.2.1　背景

随着社会经济的发展，市场对专业人才需求量直线上升。教学改革是高校教育管理的重要组成部分，以培养创新型人才为基础。推进教改项目管理发展是新时代高校建设的关键性内容。近年来，各地教育部都积极强调高校教育要实行内涵式、创造性发展，深化教育教学改革，启动相应的项目建设，提高教学质量。2022 年，教育部颁布了《教育信息化行动计划》，其中明确指出“要全面加快信息技术与传统教育管理的有机融合，构建数字化平台，推动教学、管理提升”。以往学校项目管理工作内容繁杂，基本是依靠人工处理，借助电子媒介（Word、Excel）来整合信息资料；在项目申报、中期检查、结课、评价等步骤，材料处于分散化状态，没有集中管理。在新时代背景下，建立信息化管理平台，不仅可以为教育工作者提供专业化、便捷化的交互平台，还有利于增强整体教改管理效益。

16.2.2　项目管理内涵

从宏观视角来看，项目管理隶属于管理学范畴，即把各种知识、技能、技术应用于项目活动全过程，从而达到项目设定要求。它也是一项课题研究，在限定资源条件下完成一系列任务监测与管控，其中包括计划启动、实施过程、监管控制等。具体来说，涵盖整体、范围、时间、质量、团队、沟通、资源管理等，展开系统化的组织与实施，完成项目标准。随着“互联网＋”和大数据趋势的日益增强，高校要转变教育管理观念，引入新技术，搭建信息化管理系统平台，进行自动化、高效化把控，简化项目管理流程，提高教学工作质量。

16.3　高校教改项目管理现状

近年来，由于社会经济的支持，国内高等教育事业发展迅猛。同时，现代化信息技术在高校项目管理工作的应用，极大地缓解了管理部门的压力，提高了工作效率。因此，为了全面推进教改进程，提高人才培养质量，激发全体教师的积极性，高校要依托“计算机网络技术”，科学开发和设计，建立信息化系统，规范教改项目管理流程，提高教改项目绩效。然而，实地调查发现，在项目建设与管理实践过程中暴露出诸多问题，主要体现在以下几个方面：首先，教学改革项目管理是高校工作的重点内容，存在明显的循环性、规律性。教改项目往往牵涉教师职称评优评先，大部分教师对项目申报都有着极大的参与性，导致立项数量多、范围大，质量也呈两极化趋势。作为项目管理者，高校要明确规划目标，在立项、检查、验收等环节进行项目化管理。但很多人并没有透彻地理解“教改项目管理”，工作形式与内容没有较大的转变与提升，所以教学质量突破不大。其次，教改项目管理流程不够规范化，没有制定一套完善的数字化系统技术标准，保障信息平台顺利运行。高校需根据实际，加强管理模式建设，依托系统实现信息资源共享，推进数字化校园发展。教改项目选题、内容与专业课程存在一定的联系，但认知与理解处于表层，教改深度浅，无法达到预期效果。并且，教改项目管理者与对象地位存在明显的差异，不利于构建良好的合作互动关系，最终导致项目管理信息化平台的建立与运行流于形式。以往，项目管理信息平台都是由技术部门负责，一旦缺少运维干预，整个平台都将处于失控状态，从而增大数据库的压力。另外，大多数高校教改项目管理进度情况依靠人工记录，纸质文件存储不便，查阅困难，很难做到数据共享，一些部门不能及时掌控项目实施进度，难以准确做出评价。信息平台上线后，缺少对信息化建设工作的考察检验。鉴于上述情况，高校要深入调研，根据现实需求，对项目管理系统进行优化升级，设置多个功能板块（项目申请、评审、立项、监督检查、结题验收等），以提升高校项目信息化管理水平，推动教学改革进一步发展，实现从量变到质变的飞跃。

16.4 高校信息化项目管理平台系统的主要建设目标

依据信息化建设管理步骤，平台系统功能架构可划分为四部分，即数据层、基础层、业务层和用户层。具体来讲，数据系统提供项目管理信息存储、查询和管理等功能；基础层属于工作交流平台集成，包括管理员身份认证、数据交换等；业务层覆盖运维管理、数据统计、考核评估等，为信息化项目管理提供材料支撑；用户层是为各部门创建个性化的工作台，从而提高工作效率。在新时期社会背景下，高校要规范教改项目信息化建设管理，对立项申报、运行运维等统一监管；同时，要强化系统安全保障性，促进多系统深度融合，优化项目管理机制，提高教育教学水准。

16.5 高校建设信息化项目管理平台的路径

16.5.1 明确平台建设目标，实现教改工作的数字化管理

改革教学项目管理模式是高校发展的必然要求，对提高教学质量、有效监督教学工作实施、促进可持续进步具有深刻的现实意义。目前，大多数高校的教学项目管理思想都比较陈旧，没有建立系统化的管理机制，监管形式化严重，阻碍着教改项目管理成果的落实；并且，在教改项目管理工作上，经常发生混乱、无序、不规范的情况。因此，要结合本校特点，采取相应的调整措施，依托计算机技术，设计研发一套信息化平台，合理布局，严格把控教改项目管理流程；同时，做好全局统筹与分析，只有这样才能争取促进教改项目出成果。

从长远发展来看，建立信息化系统能够加强对教改项目的网络化管理，并构建一个立体化的教改项目交互平台，为相关人员实时全面地提供教改数据，有利于全过程监督，服务也更加便捷化。例如，组织专业技术团队，根据校园运行模式，建立一套具有针对性的教改资源中心，为教改项目活动创建网络化空间，工作人员只需登入个人工号，便可以随时进行项目申报、中期检查、结题等，真正达到全程线上操作，加快数字化办公发展趋势。另外，教改项目管理人员也可以通过终端系统来查询项目进度，并依托权限设置对相关数据进行二次修订和审核，并将教改项目、经费、结果等数据以 3D 视图的方式呈现。在后期决策层面，负责人启动教改项目监控功能模块，平台会自动化汇总分析所采集数据，为校领导进行双向比较，提高决策的科学性和合理性。

16.5.2 规划平台数据建设，保障信息传递安全

基于大数据时代，推进高校教育教学改革项目信息化管理，有助于优化教研教改项目业务管理机制，解决工作繁杂的问题，提高工作效率。数据是资源管理的核心，为了保障系统安全，在建立信息化平台前，需制定严格、健全的数据安全维护机制，规范资源中心运行与管理；同时，每次数据使用前，相关使用人需填报申请说明书，明确使用目的、方式与范围，主管单位要全程监管，以免数据丢失。另外，对于终端数据储存条目要定

期修正更新，确定每个板块的管理员职能范畴，以便后期出现问题便于追责。

考虑到目前网络市场的复杂性，针对教改项目，高校要对各类数据进行分区分级加密处理，对重点文件实施MD5技术，在外端设立保护墙，整个数据传输将以密文的形式呈现，以免外来势力窃取干预。用户登入平台，需输入验证码及密保符号，系统比对一致后，管理员才能实施下一步操作。随着教研工作信息化管理模式的不断更迭，高校要抓住时机，进一步改进系统传递模块，增强平台的适用性及数据安全性，真正达到教改项目管理数字化、网络化。

16.5.3 覆盖教务管理模块，提高工作效率

教改项目信息化管理平台的基础是高校院系教育管理体系，链接数据库，达到信息共享交流与汇总分析。从工作运转角度来讲，教改项目的所有资料都源于教改平台，系统数据模块分布于校园服务器，以Oracle为技术基础，完成数据贯通于管理，教师、管理员、领导等可进入后台中心，实行数据备份迁移。如果文件遭到损坏，可在Oracle内部重新提取和重组，还原初始数据，并经过人工审核输出。

在项目中期检查阶段，各部门要对项目管理进行集中规划与指导，确保后期验收质量。高校要组织领导层或专家，通过“云平台”实时追踪教改项目管理内容与实施进度，要求项目负责人及时提交电子档报告，进行线上汇报，多个部门在网络平台上对项目进行评析和研究，及时反馈意见，促进项目管理工作的顺利开展。在项目成果辐射推广阶段，可运用现代化网络技术，形成学校、企业、政府三位一体的网络信息服务站，为教育工作者及相关教改管理人员搭建信息交流空间。另外，为了增强平台使用的便捷性，高校要结合实际情况，设置DOY查询类别、数据批量处理、多级筛选等功能，同时支持自动化生成报表和在线打印，让项目建设进程全面加速。最后，为了适应社会发展需要，学校可以结合教改项目管理具体情况，往平台增添泛普软件，严格筛查立项流程，并实施多层级的监管，由项目组检验，激励教改项目持续改进发展。

16.5.4 优化教改业务流程，健全教改项目管理模式

现在很多高校依然沿用传统的纵向管理模式，教改活动以特定部门为

基础展开，院系单位交流少，不利于教改项目管理质量的提升。在新时期环境下，学校要把握趋势，学会利用计算机技术，建立标准化信息化平台，加快项目电子化管理，改进教改业务流程，有效解决实践过程中可能存在的各种问题。从结构层面来说，高校教改业务包含四个板块，依次为发布通知、系统管理端设置、线上申报、审核评价；从用户层面，可划分为学校管理部、院系管理员、项目申报教师、评审员。

第一，学校管理部权限及功能范畴。

校级管理部对信息化平台具有绝对的控制权，能够全方位查询和管理教改项目资料；可以设置系统权限，线上设置项目申报的一系列条件，合理分配项目评审员，全过程监测项目流程，集中采集整合项目数据，对项目成果实行立体化分析。

第二，院系管理员权限及功能范畴。

院系管理员隶属于二级单位，需要对申报教职工项目提交材料进行检查，避免出现信息错漏或材料混淆的情况；查询立项通过的具体情况，并通过内部平台将结果反馈给教师，从而修改完善，完成二次提交。另外，院系领导层平台账号具有审核职能，要在设定平台模块中对项目申报材料填写相关意见，研究后录入项目简介中。

第三，申报教师权限及功能范畴。

申报教师项目数据直接对接校园信息网络中心，在信息化平台中，教师能够获得申报端口的全部权限，其中涵盖项目中检、结题报告、教改成果、申请项目延期等，并随时调阅查看各阶段教改项目状态。

第四，评审员权限及功能范畴。

在项目管理阶段，评审员需创建平台账号，按照要求登入系统，在线查看系统分配的评审项目信息，根据标准来勾选指标，系统会自动核算，最终填写相关意见。

16.5.5 细化平台功能板块，设计信息化系统

教育教学改革与建设项目管理信息化平台具有紧密的联系，为了提升高校工作效率，需对平台功能进行细化，创建有层次的管理机制。在系统管理子系统，要增添用户权限修改、对前端展示页面重置，规范平台的运

行。在项目管理模块，教改项目覆盖内容宽泛，平台项目管理功能板块要全面支持教改项目申报、评审、立项，实行全过程跟踪。具体来讲：一是设置项目条件参数（性质、级别、类型），自动生成申报计划表，在规定时间内在线完成前期申报，如果不达标，系统会自动发出警示。二是项目实施过程跟踪，管理员分级分类查询已达到要求的项目，并组织进行下一流程。

在后期评审上，管理员可针对不同批次项目申报，分配处置；之后，评审员登入系统在线下载查看项目附件资料，参照系统标准自动统计评分；期间，管理员可实时查看项目评审进度情况，做好提醒工作。

16.6 结语

高校教改项目管理信息化是时代发展的必然要求，也是提高教学质量的重要前提。在大数据社会环境下，高校要开展全面的调查活动，充分了解全体师生的需求，从而指导项目管理工作的开展；同时，建立数据库，将有关项目内容进行信息录入，便于管理员及时了解项目管理存在的问题，从而改进后台技术系统，促进全面推广与应用，提高高校教学水平和人才培养质量。

参考文献

[1] 聂晓霞，吴亚兰，肖建平．高校教育教学改革项目管理信息化平台的构建与实现[J]．创新与创业教育，2022，13(2)：6.

[2] 张虹冰玉，刘睿，曹红波，等．大数据视域下中医药院校信息化教学管理的困境及优化策略[J]．中国中医药现代远程教育，2022，20(3)：165－167.

[3] 孟莹莹．“互联网＋项目”教学框架下《税务管理》课程教学改革探讨[J]．经济师，2022(6)：2.

17　高校教师教学创新能力提升研究

——基于教学竞赛的视角

刘　天①

摘要：专业课程是高校人才培养的重要载体，教师是课程的主导者和设计者。为推动“四新”建设，遵循“两性一度”的课程建设标准，高校教师应积极开展教学改革与创新，促进教学成果的提质增效。经过长期的教学实践发现，参与各类教学竞赛极大地提升了教师教学创新能力，主要包括以下三个方面的提升：一是教学内容的设计创新；二是思政元素的凝练；三是教学模式的创新。本文基于教学竞赛的视角，探索高校教师教学创新能力的提升路径，总结高校教师教学工作的实践经验。

关键词：高校教师；教学创新能力；教学竞赛

17.1　引言

习近平总书记在党的二十大报告中基于“实施科教兴国战略，强化现代化建设人才支撑”的高度，对“办好人民满意的教育”做出专门部署，明确高等教育在中国式现代化中的支撑引领作用。教育部提出“新工科、新农科、新医科、新文科四新建设”举措，其中新文科建设强调在高校教育中发挥文科教育知识性与价值性相统一的特点，探索跨专业、跨学科门类交叉融合，推动文科人才培养与教学研究范式的创新，探索多学科交叉复合型新课程体系、教学内容、培养方式。2018 年 5 月 2 日，习近平总书记在北京大学师生座谈会上强调：“师者，人之模范也。”在学生眼里，教

---

① 刘天，女，土家族，西南民族大学经济学院管理学博士，研究方向为民族经济。项目来源：本文为西南民族大学 2021 年度校级教改项目（2021ZD09）、西南民族大学 2022 年度课程思政示范课程项目（2022KCSZ006）阶段性成果。

师“吐辞为经、举足为法”，教师的言行会给学生以极大影响。要坚持教育者先受教育，让教师更好地担当起学生健康成长指导者和引路人的责任。2022年4月25日，习近平总书记在中国人民大学考察时的讲话中提出，“为谁培养人、培养什么人、怎样培养人”始终是教育的根本问题。因此，高校教师教学能力的提升对于高校及至国家人才培养质量的增强，都具有必要性和紧迫性。

17.2　高校教师教学创新能力提升的框架——基于教学竞赛的视角

教书育人，是高校教师的根本任务，这一任务的落脚点在于上好每一节课。当前高校教师面临教学、科研的双重考核，教学创新存在动力不足、保障支持力度不够等痛点问题，如何提升教师教学能力，是每一名高校教师都应该思考的课题。

为进一步促进课程教学的革新，落实立德树人根本任务，推动课程思政建设和新文科建设、信息技术与教育教学融合创新发展，引导高校教师潜心教书育人，高等教育学会主办“全国高校教师教学创新大赛”（以下简称“教学创新大赛”），全国总工会主办“全国高校青年教师教学竞赛”（以下简称“青教赛”）等教学竞赛，以赛促教，助推教学改革与创新。从青教赛强调教师教学的基本功，再到教学创新大赛强调基于问题导向的教学创新，强调数据、案例等证据的可靠分析，各类教学竞赛都从不同的侧重点对教师的教学能力提出了要求，参加教学竞赛也成为高校老师教学能力自我提升的重要路径之一。

以教学创新大赛为例，该赛事的目标在于推动教学创新，培养一流人才，教学创新是载体，最终的落脚点在于人才的培养。该赛事明确强调注重问题导向的教学理念，应对教学目标、内容、方法、评价等全方位地创新，在课程中体现思政建设特色，在课堂教学中充分运用现代技术，在这一标准下，本文将高校教师教学创新能力的提升总结为以下三个方面：一是教学内容的设计创新；二是思政元素的凝练；三是教学模式的创新（见图17－1）。

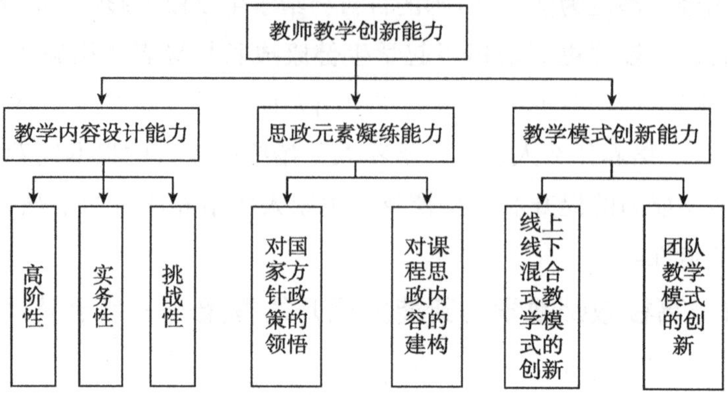

图 17－1 高校教师教学创新能力提升框架

17.3 教师教学内容设计能力的提升

各类教学竞赛要求教师深刻反思课程教学的现存问题，在课程教学改革中体现“学生发展为中心”的教育理念，这就要求教师以金课的标准进行课程建设，遵循“两性一度”的建设要求，对教学内容进行重构。教学内容不能仅仅停留在知识点的讲授层面，还应关注课程教学内容与社会人才需求的连接，提升课程的实务性和挑战度。

以《财务报表分析》课程为例，在该门课程参加青教赛的过程中，教师需准备 5 个教学节段，每个节段教学时长为 20 分钟，完成课堂教学设计并进行现场教学展示和反思。教师对课程的内容进行梳理和重构，反复试讲打磨教学内容及授课细节，参赛教师还可以获得专家在教学设计、呈现等方面的指导，达到以赛促教的目的。该门课程授课对象为本科三年级学生，学生在本科一二年级已经学习过《会计学》（含实验）、《财务会计学》课程，具备财务会计知识储备和一定的分析能力。为提升课程的高阶性、实务性和挑战性，在参加青教赛的过程中，创新性地将课程内容进行重构：一是在课程中加入大量的实务案例，就上市公司的财务状况、经营成果和现金流量展开深入细致的剖析，推动学生了解市场经济案例实践，更好地将财务数据分析与企业经营管理实际相结合；二是在课程教学中引入高质量教材，本课程选用张新民、钱爱民教授编著的“十二五”普通高等教育本科国家级规划教材《财务报表分析》，该教材观点鲜明、引入现实案例，具备前沿性；三是引入学科相关前沿研究文献，一方面引入权威期刊（如《经济研究》《管理世界》等），使学生了解前沿学术的进展和动态，另一方面引入一般核心期刊（如《财会通讯》《财务与会计》等），使学生了解和学习财务会计类论文的基础学术写作方法、论文选题方向、论文写作范式，提升学生的文献阅读能力和写作素养。

17.4 教师思政元素凝练能力的提升

17.4.1 教学竞赛提升教师对国家本科教育方针政策的领悟能力

近年来，国家为提升本科教学及人才培养质量，提出了“立德树人”“以本为本、四个回归”“四新建设”“课程思政”“两性一度”“以学生发展为中心”等建设理念，教师在参加教学竞赛的过程中，深化对国家政策和方针内涵的理解，更好地将理念落实到思政内容构建中，落实到每一节课的教学过程中。例如，首届教师教学创新大赛以“推动教学创新，打造一流课程”为主题，强调一流课程的打造和专业建设的重要性；第二届教学创新大赛聚焦教学创新“培养一流人才”的根本目的，重视以人为本，人才培养成果的提炼；在第三届教学创新大赛中要求呈现新工科、新医科、新农科、新文科“四新”建设的成效，有效助力“四新”建设，并专设课程思政赛道，全面推进思政课程与课程思政同向同行。教师在备赛过程中能够更深刻地领悟国家本科教育重心的变化和理念的更新。

17.4.2 各类大赛推动教师创新课程思政内容的建构

教师教学创新大赛和青教赛都十分重视专业教育与思政内容的有机融合，在参赛过程中，教师需要思考两个方面的问题：一是如何凝练与本课程相关的课程思政元素；二是如何将思政元素有机嵌入课程内容和知识点之中。以文科类课程为例，课程思政的内核包括但不限于提升高阶思维能力、创业精神、思考现实经济管理问题、培养家国情怀、树立正确的职业价值观等。挖掘并建构嵌入式课程思政的内容体系，是课程思政的难点，优秀的思政教育应该是非教科书式的、无痕地融入课程知识点中。提升课程思政的凝练和设计能力，有助于教师在课程讲授实际中，有机地将思政内容融入知识点而不生搬硬套，润物无声，有效实现思政育人目标。

17.5 教师教学模式创新能力的提升

17.5.1 线上线下混合式教学模式的创新

随着信息化时代的到来，技术的进步推动现代教育教学方法的改革创新，尤其在疫情背景下，线上线下教学成为常态化教学模式，在该模式下，对教师信息技术的运用能力提出了更高的要求。结合全国教育大会精神和《中国教育现代化2035》，教育部全面推动以“名师课堂”为代表的教育教学新模式，鼓励高校发展线上教育，实施一流课程“双万计划”，深化普及网络学习空间应用，构建线上线下混合教学的有效模式，重组教学结构、优化教学流程、增强教学互动，推进常态化应用。在各类教学竞赛中都要求教师灵活运用现代信息技术，充分利用丰富的线上教学资源，提升教学效率。

当前高校课程教学中鼓励采用线上线下混合式教学模式，运用中国大学慕课、学习通、雨课堂等已建成平台中各类精品线上课程资源，丰富教学形式，将部分基础课程知识点的学习翻转至线上进行，线下则倡导“以学生为中心”的教学实施，体现学生的主体性，从而实现教学资源的多样化、课堂教学效率和教学效果的提升。各类教学竞赛也日益强调信息技术与高校教学之间的深度、有效融合，例如，将信息技术运用于教学评价的全过程中，实现教学效果的实时追踪，体现基于证据的定性定量的教学评价过程，使教学成效有迹可循；又如，许多工科课程可以将技术学习与技术运用有机结合，去解决实务实践中的现存问题，实现技术与课堂的有机整合。

17.5.2 团队教学模式的创新

教学团队对于教学创新深度和广度的提升必不可少。单一教师的创新能力和资源是有限的，实现人才培养质量的提升，需要团队的保障和助力。教学竞赛以明确的目标将教学团队凝聚起来，实现更有效、更深度的教学合作。

团队教学模式的创新，一方面，强调院级教学团队的组建，在教研室中组建课程组，通过集体备课、集体阅卷实现教学团队的有效交流，促进教师教学和科研交流。专业团队的优势在教学竞赛中更为凸显，科研室和课题组教师都是教授相同或相似类型的课程，在进行教学设计、教案撰写、教学示范和教学反思的各个环节，都能够提出具有建设性的专业建议，教学能力强的优秀教师能够起到良好的示范作用，形成“传帮带”的良性循环机制。另一方面，教学团队还包括了跨院、跨校以及跨国合作教学，例如，在第二届教师教学创新大赛中，有的课程团队突破了传统基层教学组织的局限，由多学院联合组建，例如，经管类课程中引入工科学院的授课教师，在课程中充分运用人工智能、大数据等现代技术，实现课程赋能，促进跨学科课程建设，有效促进“四新”建设；有的课程组建国际化教学团队，将国内课程与国际课堂连线，教师跨国合作，学生组建专题小组，通过视频、在线会议等方式共同完成学习任务，促进跨国交流，学生们在交流中真正增进国际理解能力，实现跨文化交流。

17.6 结语

通过长期的教学实践发现，各类高校教学竞赛在提升教师教学能力、推动教学创新方面都发挥着示范、引领和助推作用：一方面有助于教师更好地参与课程建设和细节打磨，以赛促教，实现教学能力的跨越式提升；另一方面有助于教学的全面创新，从教学目标、内容、方式、手段、评价等全方位对一门课程进行重构和改进，从教学设计上打造特色内容，从教学实施上落实创新实践，从教学总结中反思创新成效，实现教师教学创新能力的可持续提升，对优秀做法形成推广和借鉴经验，最终达到高校人才培养质量提升的终极目的。

参考文献

[1] 刘兴璀．走向融合：高校课程思政话语冲突及其逻辑重构[J]．江苏高教,2022(3):64-72.

[2] 薛栋,冯亚萌．教学何以创新——基于首届全国高校教师教学创新大赛获奖作品的分析[J]．山东高等教育,2022(3):1-11.

[3] 俞洁琼,徐胤．从教学能力到课程能力——对于高校青年教师教学基本功比赛促进大学德语课程建设的思考与实践[J]．黑龙江教育(高教研究与评估),2022(10):41-43.

18　基于国际结算实践与实训课程的探究式、启发式教学研究

王焱霞[①]

摘要：高校是为国家培养专业型人才的基地，高等教育是学生在校学习生涯中的最后一程。为了向社会输送合格的人才，高校在人才培养过程中，不仅要注重学生专业学术能力的培养，更要注重对学生实践操作能力和创新创业能力的培养。所以在《国际结算》课程的教学活动中，要以国际贸易基本原理和国家对外方针政策为指导，把课程中所学到的基础理论和基本政策加以运用，力求做到理论与实践、政策与业务有效地结合起来，不断提高学生分析与解决实际问题的能力，在此过程中，学生的创新创业能力也得到极大的提升。

关键词：国际结算；探究式；启发式；创新能力

学校的国际经济与贸易专业建设始终以“为少数民族和民族地区服务，为国家发展战略服务”为办学宗旨，以建设“有特色、高水平”大学为办学目标，尤其是契合国家“一带一路”倡议与四川自贸区建设，致力于为少数民族和民族地区培养具有良好的思想品德和道德修养、自觉践行社会主义核心价值观，具有扎实的理论基础、宽厚的专业知识和国际化视野，富有创新精神、创业意识和能力的应用型、复合型、创新型外经贸人才。经过多年的不懈努力，基本实现最初的育人目标。

18.1　以课程教学促进学生创新创业能力提升

学校的国际经济与贸易专业 2002 年开始招收本科生，2009 年开始招收

① 王焱霞，西南民族大学经济学院教师。项目来源：本文是西南民族大学 2021 年教育与教学改革研究项目“基于国际结算实践与实训课程的探究式、启发式教学方法研究”的阶段性成果。

双学位学生，2012 年开始招收国际贸易学专业硕士生，2020 年获第二学士学位办学资格。经过近 20 年的不懈努力，培养了一批服务四川民族地区对外开放和自贸区建设的应用型人才，在“挑战杯”“创青春”“互联网 +”“创行”社会创新公益大赛、CFA 全球投资分析大赛、全国大学生统计学大赛等各项国际国内学生创新赛事中，国贸专业先后荣获国家级和省部级奖励。

在涌现了一大批优秀的学生后，我们开始思考“每个学生都是增长点”“1% =100%”的工作理念。该理念致力于将多渠道、多角度提升全体学生的综合素质及社会责任感作为新阶段的任务。我们以国际结算实训实验室、国际贸易仿真实验室为基础，依托毗邻四川自贸区和成都陆地港的优势，在国际结算实践与实训课程中引入探究式、启发式教学方法，加大力度拓展全体学生自主学习和个性发展的空间，全面提升全体学生的创新创业能力。

对于我校的国际经济与贸易专业 200 多位学生来说，每个学生大约只是其中的 0.5%，只要我们每一年的毕业生中至少有 50% ~60% 的优秀学生，我们的培养活动就是比较成功的，但是对于每一位学生以及学生家庭来说，他（她）很可能就是 100%。将每一位学生都当作我们 100% 的培养目标，尽力将每一位学生都培养成为优秀的、合格的专业人才是我们的理想，虽然很难，但不得不努力去实现，这是时代赋予高校教师的职责。我们既要为优秀的学生创造机会，鼓励他（她）们更好地学以致用，积极参与各项国际国内学生创新赛事，在一个更大的舞台上展示自己的个人风采和专业技能实力，也要通过实践实训类课程，引入探究式和启发式的教学方法，为每一位学生营造既有乐趣又有挑战的学习氛围，激发他（她）们的学习热情和兴趣。

学生在实践和实训活动中为完成一笔国际结算项目，需要从贸易合作伙伴资信的调查开始，历经合同的审核、支付方式的选择、金融机构的确定、一系列流程单据的填制、报关程序的完成。经银行审核发现外贸企业提交的单据与信用证条款不一致、单据与单据内容不一致时，外贸企业需要慎重选择最优的应对策略。在既有国际经济环境等信息的启发下，学生要探究顺利完成结算项目的方法，制定规避风险的实际操作方案，还要探寻处理突发事件的办法。

这个充满挑战的实践实训活动在一定程度上类似游戏中冲关打怪的设定，不同之处在于需要专业知识作为指导。考虑到游戏对学生的吸引力，笔者认为可以通过国际结算等实践和实训课程充分激起学生的学习兴趣和求知欲，激励他（她）们掌握必要的学科专业知识，热爱自己所从事的专业工作，拥抱工作带来的挑战，在兴趣的驱动下，努力会使100%的学生成为优秀的专业人才。

18.2　探究式、启发式教学的举措

为了实现探究式、启发式创新人才教学模式对学生实践动手能力的培养和综合素质的提升，实现师生单向关系向双向互动关系、以课堂讲授为主向以学生讨论为主、以教为中心到以学为中心的转变，《国际结算》课程按照课程内容做精、实践环节做实、后续保障做强的思路推行探究式和启发式教学。

18.2.1　三维重构课程体系，强化流程操作能力

第一，更新知识维度：国际贸易的具体规则不断更新，但其核心知识体系比较完善。在兼顾新规则的同时，强化流程操作能力，通过关联软、硬件系统训练学生对核心知识体系的系统思维和操作能力。

第二，实操软件与专业知识紧密相连：充分利用经济学院现有的国泰安国际结算软件与世格国际贸易实务操作平台，实现在结算领域专业化的流程训练，使结算工作与整个贸易流程相契合，多层面提升学生的专业素养。

第三，提升实务完成能力：新增软件模拟现实实践，强化汇付、托收、信用证和保理业务的闭环操作流程，经此训练的学生顺利适应实务工作的能力可以得到极大的提升。

三维重构的课程体系可以让学生经历从结算理论知识到结算实操系统再到整个贸易流程的专业升华（见图18－1）。

18.2.2　通过搭建一体化实践实训体系，在时间、空间和平台上突破制约

第一，分解目标：将国际结算的任务分解为汇付、托收、信用证、保

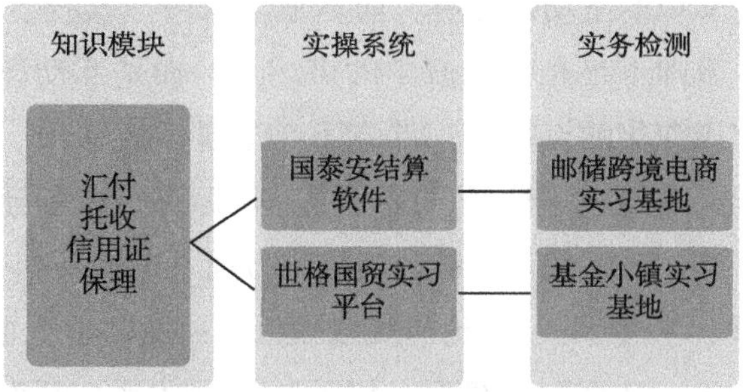

图 18－1　三维重构课程体系

理等子任务，并映射成相应课程的实验目标，使结算工作得以分步实施。

第二，完善平台：充分利用国泰安国际结算实训平台，融合世格国贸实务软件，不断引入真实且富有挑战性的结算案例，支持学生在国际贸易实务的大体系中实践结算工作。

第三，虚实一体化：建设基于模拟现实的软件平台与基于邮储跨境电商的实习基地，充分实现虚实的统一（见图 18－2）。

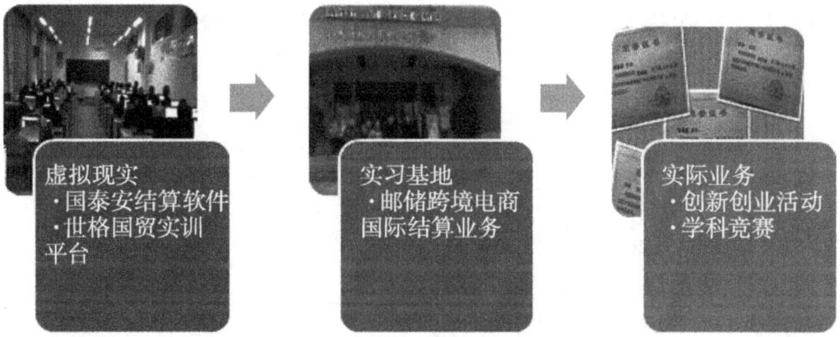

图 18－2　虚实一体化实践实训平台

一体化实践体系可以实现课内外学习的互相促进，完善的课程体系支撑起实践的信心，成功的实践激发浓厚的学习兴趣。

18.2.3　"四象限"融合教学，激发教师和学生的内生动力

第一，"课上＋课下"教学与科研相融合：专业教师在课堂上积极采用互动教学、案例研讨、翻转课堂等混合式教学方法，并充分利用微信、互联网、APP 等信息化技术手段，推动课堂教学主体从以教为主向以学为主

转变。学生是知识的主动探寻者，而不是“填鸭”式教学的被动接受者。

课堂上，教师不再是传统教学的讲述者，而是互动教学的引导者、组织者和理论知识深化的点拨者；课堂下，通过教改立项、师资培训、教研室活动、教学授课赛事等途径，围绕培养目标进行课程建设，在创新课程开发、教学研究、教材编著、教改项目等方面不断创新和突破。

第二，“线上＋线下”理论与实践相融合：面向学生主体，以人才培养方案设立“理论＋实践”“线上＋线下”课程体系，开设双语专业理论课程、实务类实践操作课程等。通过案例分析、项目研讨、主题讲座等探究式和互动式课堂活动，使教学从低层次的信息记忆转向有助于学生个体发展的高层次教学。同时，线上建设在线精品课程库，构建国际结算实务虚拟仿真实训教学平台，以解决信息化时代背景下学习时间和空间的限制，便于学生充分利用线上资源自主学习和进行实训练习。

线下通过举办讲座沙龙、带领学生参与国内外各类创新赛事、组织学生参与暑期社会实践、指导学生从事科研活动等多元形式，让学生在赛事中边干边学，在实践中理解并熟识理论，同时提高学习的主动性，丰富交叉学科内容，全面提升全体学生的综合素质（见图 18－3）。

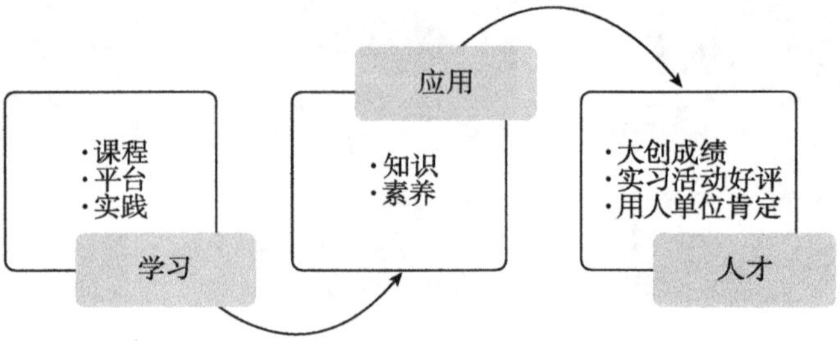

图 18－3　理论与实践相融合

注：大创指大学生创新创业活动。

第三，“校内＋校外”专业与创新相融合：校内教学实训和校外创新创业实践相融合，实施校内外产学研协同育人，解决人才培养过度依赖校内课堂教学的问题，提高教学质量和应用型人才水平。借助校外企业导师制度，聘请校外专家走进校园，承担部分实践教学工作，指导学生创新创业项目。充分利用校内实验室、双创空间等创新创业平台和国际结算相关软硬件专业实训资源，开展对接社会实践前的理论学习和专业训练，使得人才培养与社会需求无缝对接。

建立校外实训实习基地，充分利用校外优势资源，落实校企联合培养有效途径，将创新创业教育、升造就业融入校内外教育中，体现以学生为中心的探究式和启发式教学理念。

第四，“国内＋国外”民族与世界相融合：一方面是教师队伍国际化视野的开拓，另一方面是学生国际化能力的提升。教师端主要体现在两个方面：一是聘请一批具有实务背景的、具有国际化知识结构和国际化视野的校外导师；二是借助国内外知名学府的进修和访学活动开拓教师的国际化视野。

学生端，国内结合民族地区情况，通过各类大学生双创赛事，对民族地区的特色产业、非物质文化遗产等进行创新实践，并组织学生参与国际学科竞赛和国际交流合作项目，使民族高校学生在享受国际高水平教育资源、开阔眼界、提升国际化能力和素养的同时，在世界舞台彰显中国传统民族文化和风采。

“请进来，走出去”，通过进修访学、交流升造、国际赛事、海外师资项目等途径，开拓校内师生的国际视野，国内外协同人才培养提升国际经济与贸易专业师生在合作海外高校的影响力，并进一步拓展更多的合作协同育人空间和资源。

18.3 探究式、启发式教学的成果

本文所述的探究式、启发式创新人才教学模式重视学生实践动手能力的培养和综合素质的提升，实现师生单向关系向双向互动关系、以课堂讲授为主向以学生讨论为主、以教为中心到以学为中心的转变。探究式、启发式创新人才教学模式以教师和学生的并行发展为核心，体现以人为本的教育理念。与此同时，还融入社会实践的环节，为学生提供发现问题、研究和解决问题的基本程序。推进学校教育和社会实践的有机结合，在新文科应用型创新人才的培养活动中具有一定价值。在创新赛事、社会实践等“边干边学”活动中，师生综合素质和水平均得到提升。

18.3.1 校企共建实训平台，实习学生受好评

国际结算操作的业务流程涉及的全套单据需要学生自己动手，学生人手一台电脑，每个人都需要对业务的整个流程进行跟踪、操作，工作角色会随时更替，操作的业务又各不相同，所以实训课程就上升到实际操作和解决现实问题的层面。在老师讲解完理论知识并演示一遍业务流程后，学生根据机器随机产生的案例完成业务，因为每台电脑随机给出的案例各不相同，各自遇到的要求也有较大差异，所以此环节的任务对增强学生动脑、动手能力具有重要作用。在此过程中，学生需要具备发现问题、凝练问题、解决问题的能力。为了完成任务，需要学生有高度的参与性与独立性，参与到业务中去，独立设计解决问题的方案。

单纯的模仿解决不了问题，因为尽管规则一致，但老师演示的示例与学生面对的案例不一样，学生只有一次次翻阅资料，不断地尝试各种可能性，才能完成学习任务，这个过程有效地激发了学生的创新思维。虽然学习过程更艰难了，但却激发了学生的学习兴趣，因为他们认为这样的学习更有意义，感觉能够与现实接轨。

18.3.2 师生在国内外各级赛事平台有良好口碑

近年来，教研团队教师和指导的学生在教学大赛、大创、挑战杯、“互联网 +”、创行世界杯、CFA 等省级以上的各类学科竞赛活动中，特别是两个国际性比赛中，不断取得良好成绩，彰显了师生的风采和教学实践成果，同时也通过赛事渠道，向国内外高校和企业界人士推广宣传了民族高校人才培养的理念和创新方法。

18.3.3 国际经济与贸易专业毕业生的专业能力获得就业单位的高度肯定

就业单位在回访中对我校国际经济与贸易专业毕业生的评价是：专业能力扎实、工作务实、执行力强。近年来招录我校毕业生从事国际贸易类工作的公司评价这群学生“表现优秀，在工作中踏实、负责，勇于担当，有创新精神”。通过口碑相传不仅检验了前期的教改成果，也为持续的教改活动提供了动力。

18.4 结语

对于《国际结算》这类实践性课程，较好的教学方法是利用实验平台

与实验条件，设计创新实践操作程序，通过实践目标的实现来培养学生的实践能力和创新能力。教研团队依托实验室平台，通过与南京世格软件有限公司、深圳国泰安数据技术有限公司多次校企合作，共建了数据库和综合实训平台，在教学实训环节与社会企业进行了良好互动。四川省邮政跨境电商实习基地则提供了检验学生所学专业知识的舞台，学生在跨境电商和外贸实务实习工作时，展现出的专业技能和综合素养受到四川邮政部门员工的广泛好评。自从开始进行在线课程的建设以后，学生的学习积极性得到了极大的推动，他们可以一边在软件上操作，遇到问题再回到在线视频上反复自主学习。克服困难的成就感激励学生们主动学习，不断提升自己，达到了教学的初衷。

参考文献

[1]谢绍平．浅析探究式教学与实验教学、启发式教学的关系[J]．教学研究，2019，42(2)：96－100.

[2]秦宣云，李军英，郑建梅，等．融入启发式、探究式、讨论式、参与式教学方法的高等数学课程课堂教学改革的研究与实践[J]．大学教育，2015(5)：95－96.

[3]祝东怡．启发式教学与探究式教学辨析[J]．新课程(中学)，2014(6)：120－121.

[4]杨宝军，乔金锁．对启发式教学的认识[J]．井冈山医专学报，2008(2)：76－77.

19　新文科视域下高校课程思政实践

——以经济学专业为例

冯　筱　高　杉[①]

摘要：新时代背景下如何使思政教育融入大学生的价值观形成过程、培养社会发展需要的合格建设者和可靠接班人，是高校教育教学工作的首要任务。同时，新文科建设的开展为高校文科专业的创新发展提出了新的要求、目标和方向。新文科建设与思想政治教育，都是加快培养新时代拔尖人才、提升国家文化软实力的重要手段，更是落实高校立德树人根本任务的顶层设计和关键之举。新文科建设背景下高校思政教育的探索和发展不能仅停留在思想政治课教育中，还应深入各个专业领域，根据专业特点，思考思政教育与专业课程教育的有效结合，开展课程思政。本文以经济学专业为例，从师资、理念、课程内容设计、教学模式、评价方式五个方面探讨在新文科视域下课程思政的实践。

关键词：新文科；课程思政；创新实践；经济学专业

新文科是相对于传统文科而言，打破传统文科的思维模式，在全球新科技革命、新发展阶段背景下，在文科课程中融入现代信息科技技术，以继承与创新、交叉与融合、协同与共享为主要途径，促进多学科交叉与深度融合，推动传统文科更新升级，实现高校文科人才培养模式改革与创新。《国务院“十四五”数字经济发展规划》等文件的颁布，为文科人才培养提供了重要发展机遇。高校思想政治教育，是通过政治素质、思想品德、心理素质等方面的教育，将当代大学生培养成未来社会发展需要的接班人。

---

① 冯筱，西南民族大学经济学院教师，讲师，研究方向为思政教育、就业指导、就业咨询。高杉，西南民族大学经济学院教师，讲师，研究方向为世界经济、跨境电子商务、国际贸易。

顺应新文科建设发展，创新思想政治教育模式势在必行。

19.1　新文科建设的背景及要求

19.1.1　新文科建设的背景

2018 年 6 月 22 日，教育部部长陈宝生在新时代全国高等学校本科教育工作会议上指出，要坚持正确的政治方向，促进专业知识教育与思想政治教育相结合，用知识体系教育、价值体系教育、创新体系教育倾心培养建设者和接班人。① 2020 年 11 月，教育部新文科建设工作组发布了《新文科建设宣言》，明确提出要积极推动大数据、人工智能等现代科技信息技术与文科专业结合，实现文科与理工农医跨学科交叉融合，推动传统文科专业改造升级，积极发展文科类新兴专业，优化文科专业结构，提升文科专业建设整体水平，新时代新使命要求文科教育必须加快创新发展，坚持走中国特色的文科教育发展之路，构建世界水平、中国特色的文科人才培养体系，阐述了发展新文科的共识、原则和任务。

19.1.2　新文科建设的含义

当前，学界对新文科建设的内涵理解相对统一，新文科建设既要体现中国新时代的特点，满足新时代下社会发展需求融入自然科学，又要充分考虑学生素质的提升和能力的培养。一方面，在新文科建设过程中要坚持展现中国进入新时代的特色，在文化方面要充分自信，从文化中汲取营养和力量。全面贯彻习近平新时代中国特色社会主义思想，新文科建设既要满足我国社会发展规律，又要覆盖学术和课程。同时，还要关注和认识新技术革命，注重新文科与自然科学的有机统一。另一方面，要坚持推进课程体系建设和改革，力争让课程体系更加科学合理，教学评价更加客观公正，有助于促进学生专业技能、学生思想道德水平、社会责任感以及心理素质的进一步提升。

19.1.3　新文科建设的要求

新文科的任务是构建世界水平、中国特色的文科人才培养体系。新文

---

①　陈宝生．在新时代全国高等学校本科教育工作会议上的讲话[J]．中国高等教育，2018(Z3)：4－10.

科是站在提升国家综合实力、展现文化自信、培养担当民族复兴大任的时代新人角度上做出的战略性安排，对高校文科课程建设、教师授课调整、学生学习转变提出了更高的要求。

高校课程建设要进一步打破学科、专业壁垒，推动文科专业之间的深度融通，以及文科与理工农医科的交叉融合，融入现代信息技术，赋能文科教育，实现文科教育的自我革新。教师要持续推动课程教育教学内容更新迭代，培养学生的跨领域知识融通能力和实践能力。学生要秉持文史哲促进人修身铸魂、经管法助力治国理政、教育学培元育才、艺术学美人化人的学习理念，打破局限的学科认知和专业限制，提升自身综合素养，提升新文科的通识传承和知识创新能力。

19.2　新文科背景下经济学专业课程思政的意义

习近平总书记曾多次强调，当代高校主要需要回答好以下三个问题，分别是："培养什么人?""要如何培养人?""为谁培养人?"因此，高校在人才培养方面要牢固树立立德树人的思想，对学生的政治思想道德培养应覆盖高校教育教学的全过程。

经济学是探究人类进行各种经济活动的学科，其规律指导着人们的实践，同时人们的实践行为又推动着经济理论的创新和发展。近年来，经济学相关专业成为高考生选择的热门专业，但是大部分学生在本科期间缺乏对经济专业的深刻认识，专业选择仅停留在毕业择业的便利性，并没有将人生理想和个人价值的实现融入自己所学的领域，因此造成学习动力不足，学习目标性差。课程思政基于对教育规律、思想政治教育规律、人的成长成才规律的揭示与把握，从"育人"本质要求出发，进一步强化"以人为本"的思想，有助于新时代教育课程理念的创新和升华；同时，课程思政建设有助于发挥课堂的德育功能，在日常的学习中实现更高的精神指引，这契合了新文科建设中对专业的优化和人才的培养两大领域方向。与此同时，将"立德树人"理念贯穿整个大学学习，在对学生的专业培养中，实现对学生精神的引领，帮助学生成长成才。

同时，在专业课中加入思政元素对教师设计课程提出了更高的要求，一方面教师需要思考如何将思政元素与教学内容有机结合，另一方面教师还要思考学生对课程内容的消化吸收程度。基于新文科建设要求进行课程思政改革与优化也将有助于教师素质的提高和教师队伍的优化。

19.3 新文科背景下经济学专业课程思政实践

在新文科建设背景下，将思政教育融入经济学专业课程需要从强化教师队伍建设、教育理念转变、教学内容创新、教学模式创新、学习效果评价多样化五个方面实践。

19.3.1 强化教师队伍建设

将思政教育融入专业课程，是对任课教师专业知识和道德素养的双重考验，如何将对学生的思政教育巧妙地与自己所讲授的专业课知识相结合，是每一位专业课教师必须进行深入思考的问题。专业师资能力则关系到经济学专业人才水平的高低，做好教书育人的前提是教师对自己工作内在的思想认同。激发教师立德树人意识的最好方式是帮助教师在教书育人过程中取得富有成效的成果，激发教师的育人潜能和育人积极性。

对教师队伍的建设应重视制度建立，对专业课授课教师的专业知识、思想道德素养、课堂掌控能力以及人文关怀等方面进行规范的管理。在具备丰富的专业知识的前提下，教师还应具有远大的理想、高尚的道德以及博爱之心。与此同时，教师之间应多交流和总结，互帮互助，定期开组会交流授课经验，逐渐形成一套融合思政教育与专业知识的教学方案，打造一支德才兼备的师资队伍。

19.3.2 教育理念转变

以新文科思想为指导，以数字经济赋能教育理念创新，分析总结当下经济学专业教育理念的缺陷与不足，挖掘经济学专业内涵，树立以“学生为中心”的教育理念，加强学生自主学习能力、创新能力和研究能力，培养“一专多能”的复合型人才和具有实操能力及国际视野的创新型人才。倡导以学生为中心、自主性、创造性的教育理念，需要建立学校、教师、学生“三位一体”的人才培养模式。一是学校要统筹全局，明确教育理念，并传达给全体师生，明确师生在人才培养中的定位与作用。学校要做到“以学生发展为中心”，人才培养要考虑学生终身发展。二是教师作为施教者，在教学中做到以学生为中心，注重培育学生的自主性与创造性，做到

“授之以渔”。同时，教学中要传授学生“真经”，帮助学生少走弯路，达到事半功倍的培养效果。三是学生作为受教者，要跟紧学校人才培养步伐，配合教师教育教学，做好学业规划和职业规划，发挥个人能动性，积极主动实现自我管理、自我服务、自我成长。

19.3.3 教学内容创新

教学内容是学与教相互作用过程中传递的主要信息，经济学应用型人才培养应强调课程教学内容的学生主体性。经济学专业应以新文科思想为指导，以数字经济赋能，重新审定课程教学内容。

一是立足课程，将思政元素融合于教学内容。在专业学习的同时增强学生的国家认同、人文关怀和职业道德，教育引导学生“先做人，再做事”。

二是立足专业，将技术元素融入教学内容。教学内容中增加数字新技术元素内容。例如，单独增设互联网应用、云计算、区块链等课程，例如，在《量化投资》教学内容中增加大数据、云计算等技术分析内容，借助经济学实验室辅以虚拟金融场景，引导学生注重大数据运用、金融数字化转型等热点，培养能够适应市场需求和变化的应用型人才。

三是立足学科，积极探索跨界融合。充分发挥专任教师积极性，编制“跨专业”教材，教学内容上打破学科、院系壁垒，探索开设“跨院系”课程，充分优化课程内容、平台资源，加强文理学科交叉融合，培育“问题导向、跨越边界”的复合型经济学人才。

经济学是社会发展过程中不可或缺的，经济学与管理学、计算机科学、统计学、会计学、哲学等学科都可以互相融通，在经济学人才培养方案上注重交叉学科课程的开设。以经济学专业本科生培养方案为例，交叉学科培养方案中可以开设证券投资分析、财务报表分析、市场营销学、应用统计分析、数学建模、国民经济学等课程。学生们通过学习专业课程（如国民经济学、中国当代经济等）从宏观层面了解国家经济大政方针，而交叉学科则是从金融、会计、管理、计算机大数据角度更细致地培养学生的综合能力，拓宽学生视野，核心课程、主干课程和交叉课程共同培养学生的综合素质，可以让学生在面对国家经济政策时有多角度的理解和解读，进而领会政策实施的正确性和必要性，最终达到学生专业能力和思想道德素养双重提升。

19.3.4 教学模式创新

将思政教育融入专业课程必然引起传统教学模式的改革和创新，融入思政教育后，教师应从课前、课中和课后与学生进行良好的互动，将学生从“学会”迭代为“会学”，在课前，布置预习任务，引导学生自行寻找与本节知识点有关的时事热点，做好充分的准备；在课堂上，教师则要给学生充分展示的机会，运用案例分析法、讨论学习法、翻转课堂法等多种方法进行课堂教学，对学生准备的内容和提出的问题进行充分的讲解和拓展；课后，引导学生培养关注国家热点的习惯并尝试用所学知识解释身边的现象，做到学以致用，在这个过程中增强学生对社会和国家的认同感和自豪感。

同样以《国民经济学》为例，为落实思政元素融入课堂，以《国民经济学》为教材讲授理论知识，以每年社会经济热点、国家经济政策大政方针为课堂实践话题。运用翻转课堂形式，在理论教学上，由本专业教师录制与书本同步的理论网课上传平台，在每学期授课过程中，教师根据授课进度，将网课作为课前作业，由学生自行学习；课上讲授时更突出重点，并留出更多的时间让学生讨论经济热点话题，学生通过个人展示和小组展示两次机会，分别选择两个有关国家经济大政方针和热点在课堂上向大家讲解。在准备过程中，学生自主收集资料可以加深对国家经济政策的了解，小组作业也可以培养学生们的团队协作能力。这种“互动式”教学模式能够更好地提高学生的学习能力，培养学生的经济学思维，实现“立德树人”的教学目标。

19.3.5 学习效果评价多样化

打破传统的期末考试“一锤定音”的评价模式，注重过程管理，从学期初就开始成绩的评定，同时调整期末总成绩的构成比例，除了常规的课堂出勤和课堂纪律的考核，一是要提高对学生的学习态度、自我管理能力评价的赋分比重。二是要增加随堂测试的比重，在重要章节讲解完毕后，教师可以围绕重难点以及课程中体现的思政教育点进行测验考核，方便掌握学生对讲解内容的接受度。三是丰富平时成绩取得方式，例如，让学生以小组汇报的形式，运用 PPT、拍视频等方式讲解本门课程知识点和时事的关联性，通过寓教于乐的方式削减学生对平时考核产生的抵触心理，激发学生学习的积极性。

19.4 结语

新文科建设是面向未来、聚焦社会转型的教育改革，其本身体现了价值性、合理性和思想性。思政教育是一项系统工程，它不是思政课程单独完成的工作，而是需要融入学生在校学习生活的全过程，特别是专业课程学习，将思想政治教育寓于专业课程的教学过程中，拓展并延伸了思想政治教育的内涵和外延，建设课程思政。课程思政要求高校教师在专业授课过程中，将中国社会发展成果和在此过程中形成的价值观传授给学生，肩负着培养学生专业素养和思想道德素养的双重任务，让大学教育真正达到“育人”的目的。新时代各高校需要进一步推进思政教育融入专业课程，根据每个细分专业的特点，打造各专业独有的人才培养模式和学科建设模式，最终形成一个完整的新文科建设和思政教育融合培养系统，实现高校“为党育人，为国育才”的目标。

参考文献

[1] 陈宝生．在新时代全国高等学校本科教育工作会议上的讲话[J]．中国高等教育，2018(Z3)：4－10.

[2] 陈文杰．创新少年思政教育，扣好“第一粒扣子”[EB/OL]．(2020－06－02)．广州日报，https://gzdaily.dayoo.com/h5/html5/2020－06/01/content_130723_701648.htm.

[3] 尹飞．新文科背景下高校人才培养的四个面向[N]．中国社会科学报，2021－11－30(12).

[4] 李莹．金融科技背景下高校金融专业人才培养模式研究[J]．环渤海经济瞭望，2020(10)：116－117.

[5] 樊丽明，杨灿明，马骁，等．新文科建设的内涵与发展路径(笔谈)[J]．中国高教研究，2019(10)：10－13.

[6] 贾文山，马菲．从对中国新文科的回望到对全球新文科的畅想[J]．扬州大学学报(人文社会科学版)，2021，25(2)：104.

后　记

本书是西南民族大学经济学院教育教学成果。感谢西南民族大学经济学院领导对新文科教学改革研究工作的关心和支持！感谢西南民族大学发展规划与学科建设处、教务处、人文社科处以及其他职能部门、兄弟学院一直以来对经济学院的支持！

本书由总体建设篇、专业发展篇、课程规划篇和社会实践篇四部分构成。总体建设篇包括新时代高校新文科建设探索——基于四川省部分高校调研情况分析、新文科建设下对经济学院提升教学质量的思考——以西南民族大学为例、“线上+线下”混合式教学模式的实践与思考、重技术也重写作：新文科建设背景下经济学学术研究教育双面统筹；专业发展篇包括新文科建设中经济学类专业选修课程考核方式改革的设想、新文科背景下民族高校经济学专业教学改革探讨、数字经济时代财税专业人才培养研究、金融专业大类招生及人才培养模式研究；课程规划篇包括“一带一路”背景下民族高校经济类外专课程与创新创业教育融合发展路径探索、新文科背景下社会主义市场经济理论课程教学改革探索、金融科技时代《金融工程学》课程教学改革研究与实践、新文科背景下财务会计课程混合教学模式探究、OBE 理念下金融学大类专业核心课程改革、新文科背景下国际金融学课程线上线下混合式教学探究、新文科建设背景下劳动经济学课程教学质量提升路径探析；社会实践篇包括大数据时代高校教改项目管理信息化平台建设研究，高校教师教学创新能力提升研究——基于教学竞赛的视角，基于国际结算实践与实训课程的探究式、启发式教学研究，新文科视域下高校课程思政实践——以经济学专业为例。全书内容丰富，对新文科建设进行了全面的探索。感谢课题组全体成员的辛勤付出。

由于本书涉及内容广泛，难免存在疏漏。本书在写作过程中参考、借鉴了有关新文科建设改革发展的各种文献，包括书籍、报纸、文件资料和互联网上搜集到的各种新信息，在此，我代表团队全体成员对各位作者表示最真挚的感谢！

感谢中国经济出版社的领导和编辑老师长期以来对西南民族大学经济学院科研出版工作的支持，感谢所有为本书出版付出辛勤劳动的出版社的老师！

2023 年 2 月 15 日于蓉城